中宣部2020年主题出版重点出版物
中国脱贫攻坚故事丛书

中国脱贫攻坚

林西故事

国务院扶贫办　组织编写

中国出版集团
研究出版社

图书在版编目 (CIP) 数据

中国脱贫攻坚 . 林西故事 / 国务院扶贫办
组织编写 . -- 北京 : 研究出版社 , 2020.11
ISBN 978-7-5199-0787-7

Ⅰ . ①中… Ⅱ . ①国… Ⅲ . ①扶贫 – 工作经验 – 案例 –
林西县 Ⅳ . ① F126

中国版本图书馆 CIP 数据核字 (2019) 第 262904 号

中国脱贫攻坚　林西故事
ZHONGGUO TUOPIN GONGJIAN　LINXI GUSHI

国务院扶贫办　组织编写

责任编辑: 寇颖丹

研究出版社 出版发行
（100011　北京市朝阳区安华里 504 号 A 座）

河北赛文印刷有限公司　新华书店经销

2020 年 12 月第 1 版　2020 年 12 月北京第 1 次印刷
开本: 787 毫米 ×1092 毫米　1/16　印张: 11
字数: 157 千字

ISBN 978 – 7 – 5199 – 0787 – 7　定价: 42.00 元

邮购地址 100011　北京市朝阳区安华里 504 号 A 座
电话（010）64217619　64217612（发行中心）

“中国脱贫攻坚　林西故事”编审指导委员会

主　任：刘永富　谭　跃

副主任：欧青平　洪天云　陈志刚　夏更生　黄志坚

委　员：海　波　陈武明　苏国霞　王光才　黄　艳　左常升

曲天军　杨　炼　许健民　桑　明　黄承伟　刘俊文

李富君　陆春生　李　岩　陈永刚

评审专家组：（按姓氏笔画排序）

于鸿君　王晓毅　艾四林　左　停　叶敬忠　向德平

刘晓山　张　琦　张志明　张丽君　陆汉文　和　龚

郑风田　郝振省　曹　立

“中国脱贫攻坚故事”丛书编写工作组

骆艾荣　阎　艳　吕　方　李海金　陈　琦

刘　杰　袁　泉　梁　怡　孙晓岚

《中国脱贫攻坚　林西故事》编委会

主　　任：田向存（中共林西县委书记）

副 主 任：付守利（中共林西县委副书记、县长）

赵锐久（林西县人大常委会主任）

王春艳（林西县政协主席）

委　　员：汪丽娜（中共林西县委常委、宣传部长）

张志伟（中共林西县委常委、办公室主任）

刘靖鹏（林西县副县长）

郭景超（中共林西县委宣传部副部长、外宣办主任）

赵光明（林西县扶贫办主任）

主　　编：汪丽娜

编　　辑：郭景超　赵光明　李晓军　朱金林　廉贺祥

张立文　杨晓娟　刘兴宇　胡振东　张晓慧

摄　　影：任鸿彬　臧　金　孟令华　刘　艺　朱秀芳

杜秀艳　潘福林　温景缤　于丽丽　李稳学

白丽春　刘兴宇　刘桂芳

目录

CONTENTS

序　言 | 001

01 沐百年风雨　解贫困之题

第一节　林西县的贫困状况 003

第二节　林西县的贫困成因 006

第三节　林西县的贫困特征 009

第四节　改革开放以来的扶贫成果 010

02 步伐铿锵踏征程

第一节　林西县脱贫攻坚发展历程 017

第二节　林西县脱贫攻坚成效 021

03 合力攻坚　决胜小康

第一节　党建引领风帆劲　融合聚力谱华章 035

第二节　扛起监督责任　护航脱贫攻坚 051

第三节　产业扶贫让“造血”功能强起来 056

第四节　易地搬迁搬出新生活 086

第五节　健康扶贫治病根拔穷根 094

第六节　志智双扶激发贫困群众内生动力 103
第七节　多措并举打出脱贫攻坚“组合拳” 114

04 扶贫路上的“追梦人”

第一节　一心扑在扶贫上 127
第二节　不负重托的扶贫办主任 130
第三节　共产党员的本色和担当 132
第四节　扶贫路上巾帼情 134
第五节　绽放在脱贫攻坚第一线的“四朵金花” 136
第六节　返乡创业显身手 138
第七节　乡村“电商达人” 140
第八节　带领乡亲奔富路 142
第九节　身残志坚追梦人 144
第十节　勤劳过上好日子 146

05 脱贫摘帽送一程

第一节　巩固脱贫成果细化“四不摘” 151
第二节　勇立潮头树标杆 153

后　记 | 165

序言
PREFACE

林西县位于内蒙古自治区东部、赤峰市北部。1908 年建县，这片沃土上曾孕育了中华民族的古代文明，有文字记载和文物佐证的历史近 8000 年。境内分布白音长汗和锅撑子山新石器时代遗址、大井古铜矿遗址、松漠都督府、饶州故城址等多处历史文化遗迹。解放战争时期，这里曾是冀（察）热辽地区的战略指挥中心，素有“热北小延安”之美誉。

林西县坐落于北部边陲，是生态脆弱地区，也是经济欠发达地区，1986 年被确定为第一批国家扶贫工作重点县。经过三十余年的不懈努力，特别是党的十八大以来，林西县委、县政府牢固树立“四个意识”，深入贯彻习近平总书记关于扶贫工作的重要论述和视察内蒙古重要讲话精神，不折不扣贯彻落实中央和上级党委关于脱贫攻坚各项决策部署，紧扣“两不愁三保障”标准，聚焦“五个一批”“六个精准”要求，坚持政策叠加、措施覆盖，贯穿“精准”要义，创新扶贫模式，构建了专项扶贫、行业扶贫、社会扶贫“三位一体”的大扶贫格局。在基础建设、产业发展、公共服务、村容村貌、生态环境和基层组织建设等领域精准发力、持续用力，集中资源、集中力量解决贫困问题。全县上下展开了一场前所未有的大阵容、全方位、广覆盖、多层次、无死角的脱贫攻坚战役。林西县委、县政府带领全县人民以奋发的斗志、无畏的勇气、精准细实的作风、脚踏实地的干劲，绘就了一幅全社会动员、全民参与的脱贫致富画卷。

光阴不负勤奋，拼搏成就梦想。2017 年 12 月 5 日，林西县向赤峰市扶贫开发办提交退出国家级贫困县的申请，这是 2017 年内蒙古自治区 31 个国家级贫困县中唯一申请退出的旗县区。2018 年 6 月，接受国家对国家级贫困县退出评估检查，“三率一度”指标中，林西县综合贫困发生率为 1.64%，漏评率和错退率均不明显，群众认可度为 94.94%。8 月 17 日，国务院举行新闻发布会，正式宣布林西县退出国家贫困县行列，林西县在内蒙古自治区率先摘掉了贫困县帽子。截至 2019 年 6 月末，全县建档立卡贫困人口总数为 19865 人，其中未脱贫 1354 人，贫困发生率由 10.9% 降至 0.75%。林西因此荣获“2018 年全国脱贫攻坚组织创新奖”。

脱贫攻坚，是林西县委、县政府和全县人民的光荣使命和伟大担当。巩固脱贫成果，共同步入小康，是脱贫攻坚战的最终目标。林西人将以更加坚实的步伐、更加务实的态度、更加完善的举措，始终保持脱贫发展初心不动摇，全力以赴做好后续巩固提升工作，把脱贫攻坚与推进乡村振兴战略有序衔接，以时不我待、只争朝夕的精神，持续发力，不辱使命，奋力前行，确保脱贫成效真正获得群众认可、经得起实践和历史检验。

扬帆力排千重浪，迈步更上一层楼。脱贫攻坚的成效不断巩固提升，乡村振兴亦任重道远。林西人将怀揣梦想再出发、铆足劲头加油干，奋力谱写新时代中国特色社会主义发展的“林西篇章”！

01

Chapter

沐百年风雨 解贫困之题

回顾中国几十年来减贫事业的历程，我有着深刻的切身体会。上个世纪60年代末，我还不到16岁，就从北京来到了陕北一个小村庄当农民，一干就是7年。那时，中国农村的贫困状况给我留下了刻骨铭心的记忆。我当时和村民们辛苦劳作，目的就是要让生活能够好一些，但这在当年几乎比登天还难。

——习近平《携手消除贫困，促进共同发展》

（2015年10月16日）

林西县地处我国北疆要塞，放垦建县已百年有余，在这块热土上曾孕育了中华民族的古代文明，有着深厚的文化积淀。这里的人民勤劳智慧，这里的山川葱茏秀丽，这里的历史光彩夺目。1986年，林西县被确定为第一批国家扶贫工作重点县。从此，如何摆脱贫困，成为林西人民的一块“心病”，让林西人民苦苦地去追寻、探究、解答。

第一节　林西县的贫困状况

按照国家的扶贫标准，2014年林西县共有建档立卡贫困人口19800人，占全县农业人口的10.9%。全县有贫困人口的村共100个，其中44个为重点贫困村，占全县行政村总数的42.7%（见表1）。从2001年到2012年，林西县累计解决了1.6万贫困人口的温饱问题，农民人均纯收入由1273元提高到5958元，年均增长426元。2012年，林西县大幅度增加财政扶贫开发资金投入，全县全年用于扶贫开发的投入达到2760万元，比2011年增加2027万元，增长了2.77倍。

表1　林西县重点贫困村及其所属乡镇

序号	贫困村	所属乡镇	序号	贫困村	所属乡镇
1	东升村	大营子乡	23	八一村	新林镇
2	前地村	大营子乡	24	大勿兰村	新林镇
3	土庙子村	大营子乡	25	上升村	新林镇
4	幸福村	大营子乡	26	五星村	新林镇
5	繁荣村	大营子乡	27	七一村	新林镇
6	老君沟村	大营子乡	28	大坝村	新林镇
7	两棵树村	官地镇	29	东边墙村	五十家子镇
8	龙头山村	官地镇	30	水泉沟村	五十家子镇
9	上官地村	官地镇	31	响水沟村	五十家子镇
10	王家沟村	官地镇	32	老房身村	五十家子镇
11	马鞍山村	官地镇	33	西耳子村	五十家子镇
12	哈玛吐村	新城子镇	34	东风村	大井镇
13	英桃漠河村	新城子镇	35	东方红村	大井镇
14	七合堂村	新城子镇	36	温都村	大井镇
15	樱桃沟村	新城子镇	37	大榆树村	大井镇
16	下场村	新城子镇	38	大川村	大井镇
17	大金沟村	新城子镇	39	河沿村	林西镇
18	统部村	统部镇	40	乌兰沟村	十二吐乡
19	小井子村	统部镇	41	巴吉沟村	十二吐乡
20	水泉村	统部镇	42	枕头沟村	十二吐乡
21	碧流汰村	统部镇	43	下仗房村	十二吐乡
22	五四村	统部镇	44	西山根村	十二吐乡

数据来源：2019年1月全国扶贫开发信息系统

2011年，全国人均GDP为35181元，全国农民人均纯收入为6977元，内蒙古人均GDP为57974元，内蒙古农牧民人均纯收入为6642元。而作为国家重点贫困县的林西县，人均GDP仅为19822元，农民人均纯收入为5313元。林西县的人均GDP和农民人均纯收入均低于全区平均水平和全国平均水平。可见，林西县的经济发展状况无论与全区还是全国相比都十分落后（见图1）。

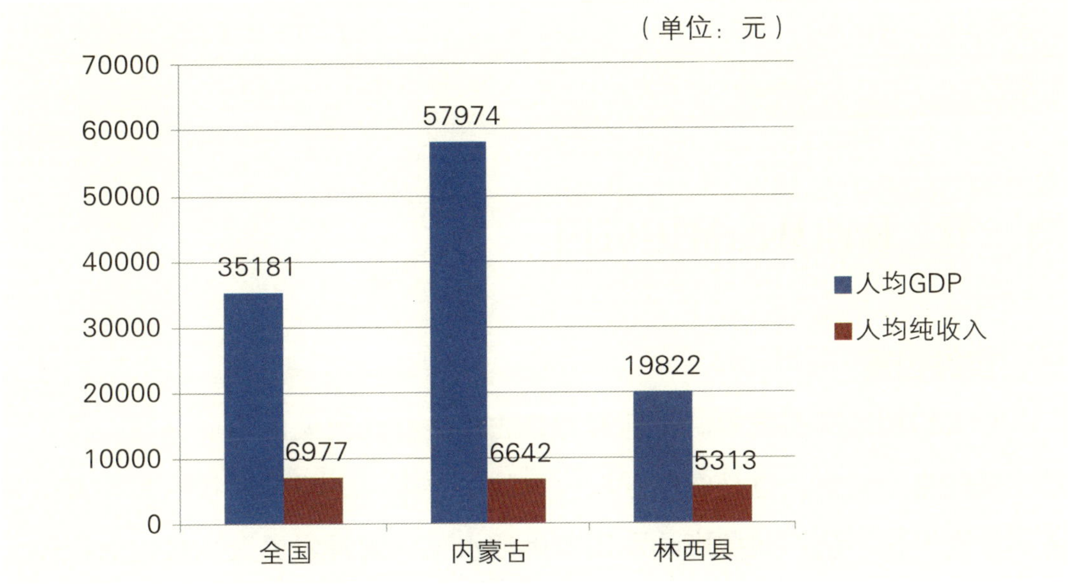

图1 全国、内蒙古、林西县人均GDP和人均纯收入对照

数据来源：《2012年内蒙古统计年鉴》《2012年林西县统计年鉴》

林西县共有103个行政村，2012年，全县通自来水村比率只有55.3%，通公路村比率也只有53.4%。农业大棚和畜牧大棚设施建设水平偏低，合作组织偏少。有文化广场村比率和有幼儿园村比率分别只有6.3%和6.8%。参加社保人数比率只有40%，参加新农合人数比率为95.7%，远低于全区平均水平（见表2）。

表 2　林西县 2012 年农村情况　（%）

基础设施建设		专业农业设施、合作组织		文化、教育、卫生和社会保障	
通电村比率	100	有农业大棚村比率	6.8	有文化广场村比率	6.3
通广播电视村比率	100	有畜牧大棚村比率	22.6	有幼儿园村比率	6.8
通自来水村比率	55.3			有卫生室村比率	7.1
通公路村比率	53.4	有专业合作组织村比率	38.8	参加新农合人数比率	95.7
通客运班车村比率	100			参加新社保人数比率	40

数据来源：《2012 年林西县统计年鉴》

第二节　林西县的贫困成因

一、自然因素

1. 人均耕地面积偏少。耕地资源是农民生存和发展的物质基础，是农民最主要的生产资料，也是农民获取收入的主要来源，耕地面积的大小直接关系到粮食产量，从而间接影响农民的生活水平。通常农民人均耕地面积较少的县，其贫困率相对较高。林西县的人均耕地面积是 4.9 亩，远低于全区的平均水平 9.96 亩 / 人，这是导致林西县贫困的一个重要因素。

2. 地理位置偏远，道路交通建设水平低。2012 年时林西县平均每平方千米面积公路里程是 0.4 千米，与全国 44.1 千米的平均值相比有较大的差距。道路不通畅，使得农民外出求学受阻，教育水平低下，阻碍当地人员素质提高。同时，道路水利设施跟不上，受到自然灾害而造成设施破坏对农业生产带来负面影响。

3. 气候条件差，自然灾害频发。林西县属中温带大陆性季风气候，冬夏温差悬殊，冬季寒冷而漫长，夏季温热而短暂，年平均气温 4.2℃。降水时空分布不均且年降水量较小，全县年平均降水量仅为 379.7 毫米。蒸发量大，年蒸发量达1880.3毫米，是年降水量的4.9倍。无霜期较短且自南向北逐渐减少，年平均无霜期125天。加之旱、雹、虫等自然灾害频繁发生，粮食产量始终低而不稳，丰年单产不足百斤，农业生产处于自种自食、自给自足的自然经济状态，许多农民的生活条件十分窘迫。

二、社会因素

1. 城镇化程度低，乡村劳动力转移率低。2011年林西县的城镇人口只占全部人口的34.7%，比全区低21.9个百分点。只有24.14%的乡村劳动力转移就业，比全区同期水平低近5个百分点。研究表明，导致农民贫困的一个主要原因为农村劳动力转移不畅。低水平的文化素质使得农村劳动力适应不了非农产业的发展要求，农村劳动力进入非农产业比较困难，极大地影响了农村剩余劳动力向城市有效转移。

2. 医疗卫生条件差，缺乏专业卫生技术人员。一个最基本的卫生室对农民来说十分重要。脱贫攻坚以前，林西县平均每5275人拥有一所卫生室，建设密度远远低于全区每1518人拥有一所卫生室的平均水平。每1万人拥有26.59个卫生专业技术人员，比全区每1万人少拥有11个卫生专业技术人员。医疗设施的简陋和专业人员的缺乏影响着农民的身体健康，进而影响着人力资本的积累。

三、经济因素

1. 产业结构不合理，第一产业从业人员比重较高。2011年，第一产业增加值占全部总值的18.3%，第一产业从业人员占全部人口的63.17%，粮食种植面积占农作物种植面积的70.8%，分别比全区相应水平高出近9.2%、17.3%、1.4%。这说明在林西县的产业结构中，第一产业比重较高，是其收入的主要来源之一，而且劳动力大多在第一产业就业，也影响了整体收入水平的提高。

2. 农业基础设施投入不足，农作物种植结构单一。林西县有效灌溉耕地面积比重为 23.04%，单位面积机械投入量为 4.13 千瓦 / 公顷，分别比全区对应水平低 5.01 个百分点和 0.31 千瓦 / 公顷。表明林西县的农业基础设施投入不足，影响了粮食单产水平。2011 年，平均每公顷粮食产量为 3766.3 千克，低于全区平均水平 526.22 千克。

3. 人均政府财政预算支出水平低。2012 年，林西县人均政府财政预算支出为 7858 元，比全区平均水平低 727.48 元，说明政府对当地社会发展的投入不足，影响了人民生活水平的提高。从表 3 可见内蒙古全区及林西县农村牧区致贫因素比较。

表 3　内蒙古全区及林西县农村牧区致贫因素比较

<table>
<tr><th>一级指标</th><th>二级指标</th><th>三级指标</th><th>林西县</th><th>内蒙古全区</th><th>差距</th></tr>
<tr><td rowspan="2">自然因素</td><td>自然资源</td><td>人均耕地面积</td><td>4.9 亩</td><td>9.96 亩</td><td>–5.06 亩</td></tr>
<tr><td>地理条件</td><td>单位面积的公路里程</td><td>0.4 千米</td><td>0.14 千米</td><td>0.26 千米</td></tr>
<tr><td rowspan="3">社会因素</td><td rowspan="2">人口条件</td><td>城镇化程度</td><td>34.7%</td><td>56.6%</td><td>–21.9%</td></tr>
<tr><td>乡村劳动力转移程度</td><td>24.14%</td><td>29.14%</td><td>–5%</td></tr>
<tr><td>卫生条件</td><td>卫生室建设密度</td><td>5275 人</td><td>1518 人</td><td>3757 人</td></tr>
<tr><td rowspan="6">经济因素</td><td rowspan="5">第一产业发展水平</td><td>第一产业从业人员比重</td><td>63.17%</td><td>45.87%</td><td>17.3%</td></tr>
<tr><td>第一产业产值比重</td><td>18.3%</td><td>9.1%</td><td>9.2%</td></tr>
<tr><td>粮食种植比重</td><td>70.8%</td><td>69.4%</td><td>1.4%</td></tr>
<tr><td>有效灌溉面积比重</td><td>23.04%</td><td>28.05%</td><td>–5.01%</td></tr>
<tr><td>单位耕地面积机械动力</td><td>4.13 千瓦 / 公顷</td><td>4.44 千瓦 / 公顷</td><td>–0.31 千瓦 / 公顷</td></tr>
<tr><td>投资水平</td><td>人均政府财政预算支出</td><td>7858 元</td><td>8585.48 元</td><td>–727.48 元</td></tr>
</table>

数据来源：《2012 年内蒙古统计年鉴》《2012 年林西县统计年鉴》

第三节 林西县的贫困特征

林西县建档立卡贫困户中：因病致贫 8150 户，占比 79%；因残致贫 1288 户，占比 10.74%；因学致贫 94 户，占比 0.84%；缺技术 304 户，占比 1.42%；缺劳力 817 户，占比 4.15%；缺资金 580 户，占比 2.91%；其他 172 户，占比 0.94%。

一、收入水平

农户收入水平低，收入来源比较单一。2003 年，林西县农村的人均纯收入为 804 元，高于国家规定的绝对贫困县人均收入 637 元标准线，在整体上低于 882 元的低收入标准线，农户收入水平介于绝对贫困和低收入之间。农村家庭以家庭经营收入和打工收入为主，大约 40% 的家庭收入全部来自家庭经营，家庭经营收入占总收入的比重平均高达 75%。打工收入占有比较高的份额，平均为 60% 左右。

二、生活消费

1. 农户人均生活消费总体支出水平偏低。2003 年，所调查的农户中全年总支出最低的家庭为 1100 元，最高的达 25150 元，有近 1/4 的家庭全年总支出低于 3000 元。在总支出中，生产经营支出不高，最低的仅 62 元，平均生产经营支出为 735 元，占总支出的比重为 17.2%。生活消费支出占总支出的大部分，户均生活消费支出为 3650 元，占总支出的比重为 62.5%。

2. 副食品消费量偏少，香烟消费畸高。副食品的消费量与全国农户的平均水平差距很大，其中鸡蛋和肉类几乎成了奢侈品，很多家庭一年到头只在过年的时候才买几斤。但是，家庭购买香烟比较普遍，有 74% 的家庭发生了香烟支出，花费的金额比在图书杂志和副食消费等方面都高，而用于教育文化娱乐用品的支出极低。

3. 教育和医疗药品支出压力大，负债普遍。教育文化支出和医疗药品支出，对家庭构成了沉重的压力，尤其是那些人口比较多，上有老、下有小的家庭。医疗药品支出的发生率比教育文化支出要高，对户均年纯收入不过3000元的农户来说，构成了极大的压力。由于医疗和教育等支出具有很强的刚性，而收入尤其是现金收入又非常低，家庭借债在所难免。

4. 住房条件差。房屋以土坯结构为主，砖瓦结构的很少，以两居室居多，房子造价低。从建造时间上来看，这些房子从1953年到2004年每个时间段都有，但以20世纪80年代建造的为多，进入21世纪后造的房子极少。

三、劳动力就业和教育培训

劳动力受教育水平低于全国贫困农户的平均水平，就业面窄，以在本地从事农业生产为主，劳动力的职业转变比较困难，不利于其获得有利的经济地位。劳动力的年劳作时间最少为20天，最多为365天，平均年劳动时间为172天。由于自然禀赋差，劳动投入与其产出极不相称，技能培训和基础教育一样，有较大提高空间。

第四节　改革开放以来的扶贫成果

一、贫困人口大幅减少，20.9万人摆脱贫困

改革开放40余年来，林西县农村从普遍贫困走向整体消除绝对贫困。林西县统计局数据显示，按当年现行农村贫困标准衡量，1978年末农村贫困发生率约97.5%，以乡村户籍人口作为总体推算，农村贫困人口规模达19万人。2018年末农村贫困发生率为0.77%，贫困人口规模为1392人。从

1978年到2018年，林西县农村贫困人口减少20.9万人，年均减贫人口规模5225人。农村贫困发生率下降96.73个百分点，年均下降2.42个百分点。

党的十八大以来，脱贫攻坚更是取得了决定性进展。2014年至2018年，农村累计减贫18927人，减贫幅度接近93%，年均减贫3785人，全县44个重点贫困村全部出列。

村级便民服务站

二、农村居民收入增长较快，基本公共服务水平显著提高

改革开放之初，林西县农村居民收入消费水平普遍较低。1986年，国家以1984年农民人均纯收入200元为贫困线，将林西县作为第一批国家扶贫工作重点县。

党的十八大以来，林西县聚焦贫困镇村，大力实施精准扶贫、精准脱贫，贫困镇农村居民收入持续保持较快增长，与全国农村平均水平的差距缩小，生活消费水平明显提高。2017年，农村常住居民人均可支配收入为8718元，增长9.4%。2018年，农村常住居民人均可支配收入为9616元，增长10.3%。

大井镇中兴村街巷

东山扶贫产业园主路

乡镇寄宿制小学

改革开放之初，林西县农村地区基础设施配置明显不足，公共服务水平落后。40 多年来，尤其是党的十八大以来，林西县委、县政府不断加大对基础设施和公共服务建设投资力度，教育文化卫生设施配置逐渐齐全，贫困地区人民生产生活条件得到改善。

广播电视户户通

截至 2018 年末，在基础设施方面，贫困地区通电的自然村全覆盖，通电话的自然村比重达到 100%，通有线电视信号的自然村比重为 100%，通宽带的自然村比重为 84.6%。贫困地区村内主干道路路面经过硬化处理的自然村比重为 93.2%，通客运班车的自然村比重为 95.8%。在教育方面，91.4% 的农户所在自然村上幼儿园便利，100% 的农户所在自然村上小学便利。医疗

村级标准化卫生室

安全饮水工程覆盖全县农户

卫生方面，贫困地区农村有合法行医资格的医生或卫生员的行政村比重为100%。

02

Chapter

步伐铿锵
踏征程

经过改革开放三十七年来的努力，我们成功走出了一条中国特色扶贫开发道路，使七亿多农村贫困人口成功脱贫，为全面建成小康社会打下了坚实基础。我国成为世界上减贫人口最多的国家，也是世界上率先完成联合国千年发展目标的国家。

——习近平《在中央扶贫开发工作会议上的讲话》

（2015年11月27日）

中华人民共和国成立后，林西人民在中国共产党的领导下，经过坚持不懈的努力，使这块土地发生了巨大的变化：由茅屋瓦舍到高楼林立，由烛火如豆到万家通明，由食不果腹到丰衣足食，由羊肠小路到通衢纵横，由几爿店铺到商家遍布，由市井人稀到百业兴旺……全县各族干部和群众几十年如一日艰苦创业，拼搏进取，用如椽之笔，刻意挥毫，描绘了一幅幅绚丽多彩的画卷。

第一节　林西县脱贫攻坚发展历程

1908年，经清政府批准放垦实边，从河北、山东等地移民建县。林西县土地面积3933平方千米，现辖7镇2乡2街道，4个国有林牧场，共103个行政村645个自然村，总人口24万，汉族人口占94%，有蒙古族、回族、满族等10个少数民族。因全县经济发展滞后，自然条件恶劣，生产生活条件差，群众增收困难，贫困现象极为严重。1986 年，林西县被确定为第一批国家扶贫工作重点县，是内蒙古自治区 31 个国家级贫困区县之一。（贫困人口分布示意情况见图 1。）

多年来，林西县始终将消除贫困、改善民生、实现共同富裕作为头等大事，举全县之力、集全县之智，与贫困进行了 30 多年艰苦卓绝的斗争，取得了显著成绩。林西县的扶贫工作经历了 1978 年至 1985 年体制改革下大规模缓解贫困阶段、1986 年至 2000 年经济高速增长期的开发式扶贫阶段、2001 年至今全面建成小康社会中的扶贫开发阶段。整个扶贫工作以 1986 年被纳入国家级贫困县并成立“林西县扶贫开发领导小组”为起点，开始进入专业化、规范化发展轨道。2013 年以前，全县依靠上级扶贫专项资金、社会捐助资金、各类帮扶资金等，先后实施了农村产业发展、基础设施建设、改善教育办学条件和医疗卫生条件、人畜饮水安全工程、劳动力转移培训等方面项目，贫困人口大幅减少。

2013 年以来，在总结集中连片开发工作经验的基础上，林西县积极探索扶贫对象精准、项目安排精准、资金使用精准、措施到户精准、因村派人精准、脱贫成效精准的扶贫开发新模式，变大水漫灌为精准滴灌，扎实推进专项扶贫、行业扶贫、分类扶贫。按照“统筹城乡、精准扶贫”的工作思路，制定实施了《林西县扶贫开发规划（2013—2017 年）》，确定路线图、时间表，把贫困人口脱贫最直接、最紧迫的项目优先列入扶贫开发规划，在基础设施建设、产业发展、公共服务、村容村貌、生态环境和基层组织建设等领域，分 6 个大类 23 个子项目组织实施，精准发力、持续用力，集中力量解决贫困突出问题，到 2017 年底基本解决贫困人口“两不愁三保障”。截至 2018 年末，全县建档立卡贫困人口为 10704 户 20319 人，已脱贫 10003 户 18927 人，未脱贫 701 户 1392 人，44 个重点贫困村全部退出，贫困发生率降至 0.77%。其中 2014 年减贫 1078 户 2286 人；2015 年减贫 1444 户 2992 人；2016 年减贫 1309 户 2746 人，重点贫困村退出 8 个；2017 年减贫 5106

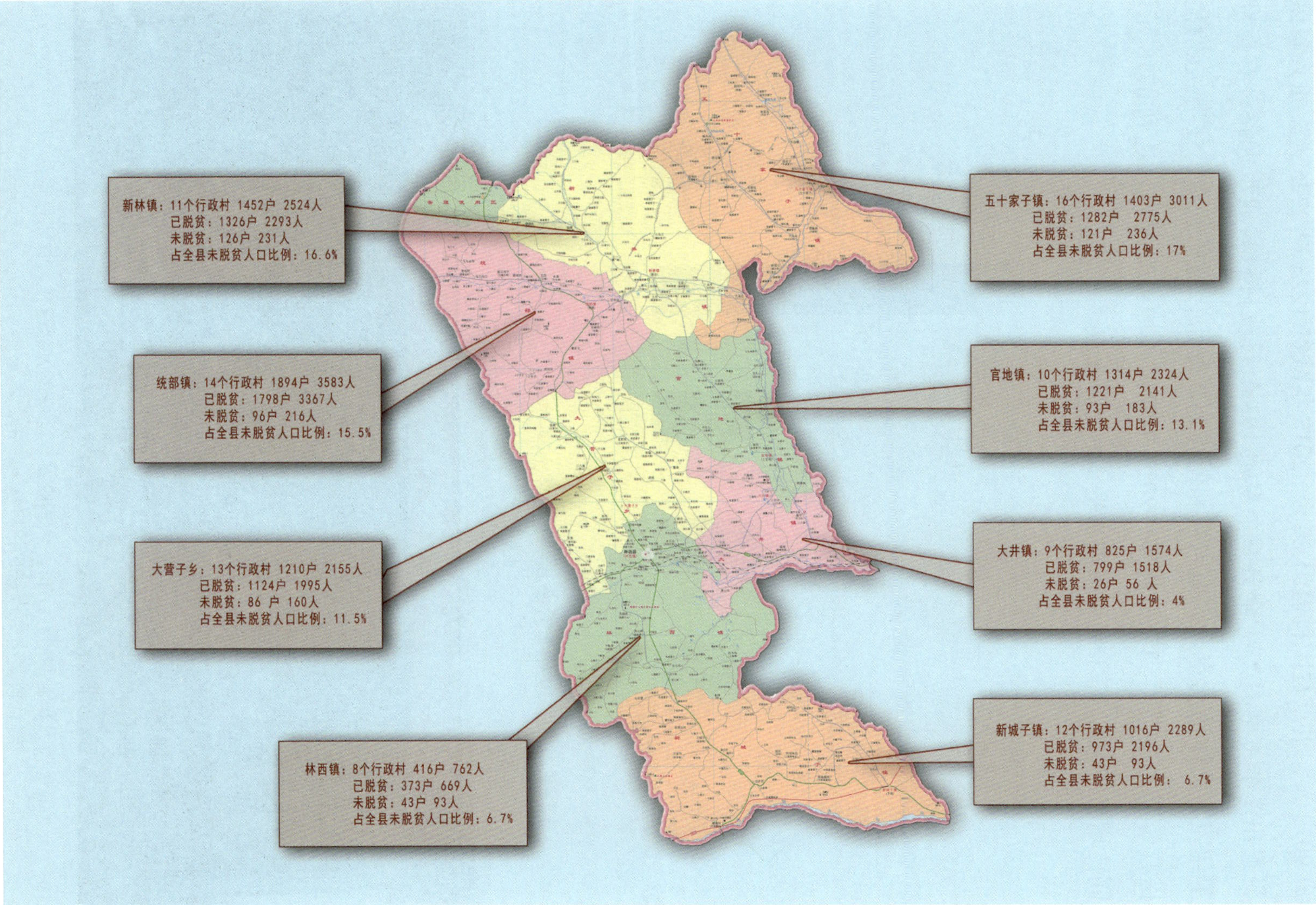

图 1 林西县贫困人口分布情况

数据来源：2019 年 1 月全国扶贫开发信息系统

户 9079 人，重点贫困村退出 29 个；2018 年减贫 1223 户 2295 人，重点贫困村退出 7 个（见图 2）。全县 9 个乡镇 103 个行政村村村通水泥路，有标准卫生室、文体活动室、广播电视和便民连锁超市，村民饮水、住房、教育、医疗等基本生活得到充分保障，2017 年农民人均可支配收入达到 8718 元，同比增长 9.4%，高于全区平均水平 1.3 个百分点。

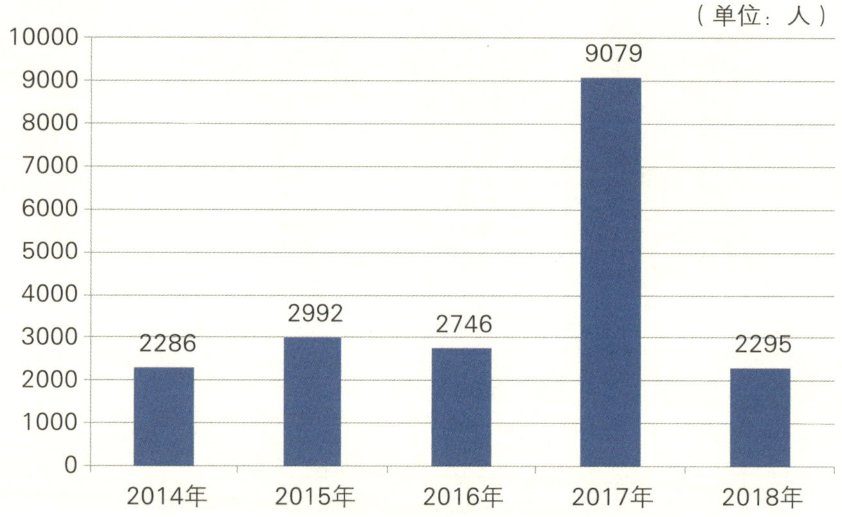

图 2　林西县年度减贫示意图

数据来源：2019 年 1 月全国扶贫开发信息系统

2018 年 10 月 17 日，全国脱贫攻坚表彰大会召开，林西县荣获脱贫攻坚组织创新奖，县委书记田向存（左 5）参加表彰大会

第二节　林西县脱贫攻坚成效

聚焦深度贫困地区发力，因地制宜精准施策。近年来，林西县认真贯彻落实习近平总书记关于扶贫工作的重要论述，落实好党中央、国务院有关脱贫攻坚的系列决策部署，紧紧围绕社会稳定和长治久安总目标，坚持把脱贫攻坚作为重大政治任务和第一民生工程予以有力推进，走出了一条科学治贫、精准扶贫、有效脱贫的路子，越来越多的群众摆脱贫困的束缚，过上了幸福的生活。

截止到2018年末，林西县已累计减贫1.89万人，减贫率达到93.1%，全县脱贫攻坚的质量和成效不断提升。

一、产业扶贫全覆盖、保增收

1. 构建“1+4+5”产业扶贫模式。“1”就是依托一个龙头企业或重点项目。“4”就是使贫困户获得生产性、财产性、劳务性和资产性4个方面收入。“5”就是通过推广5个比较成熟的产业发展模式，使全县所有具备生产能力的贫困户实现产业措施全覆盖。即依托佰惠生公司，建设10万亩甜菜基地，打造“甜菜富民”模式；依托正邦集团，建设200万头生猪养殖基地，打造“生猪富民”模式；依托德青源公司，建设240万羽

德青源车间的工人正在进行鸡蛋包装

天拜山饮品果汁生产线

蛋鸡养殖基地，打造“金鸡富民”模式；依托恒光大公司，建设5万亩中药材基地，打造“中药富民”模式；依托天拜山公司，建设15万亩内蒙古野果基地，打造“野果富民”模式。5种产业模式共带动贫困人口9131户17319人脱贫，占贫困人口总数的86.3%，人均增收1825元。

2. 推动扶贫产业园区建设。2017年建设扶贫产业园区12处，2018年新开工建设扶贫产业园区6处，重点培育5个高标准、有规模、示范带动能力强的扶贫产业园区，扶持贫困户发展主导产业，使更多的贫困人口通过原料订单生产、参与初级加工和产品销售等方式，真正参与到产业当中来并从中受益，变背井离乡求职谋生为守家在地就业致富，带动贫困人口2612户

5713 人脱贫，人均增收 1620 元以上。

3. 发展壮大脱贫主导产业。围绕农牧业供给侧结构性改革，制定实施《林西县“十三五”农牧业产业扶持政策》。“十三五”期间，县财政投入产业奖补资金 3.3 亿元，撬动金融资本 17 亿元投入农牧业主导产业。截至 2019 年 1 月，全县设施农业面积 2.4 万亩，中药材种植面积 6.3 万亩，内蒙古野果保有面积 10.5 万亩，优质牧草保有面积 45 万亩，肉牛存栏 18 万头，肉驴存栏 4.4 万头，家禽饲养量达到 300 万羽，8 个农牧业主导产业共带动贫困人口 1751 户 3468 人实现稳定脱贫，人均增收 4000 元以上。

十二吐乡达康产业园区的设施农业基地和养殖小区

十二吐乡肉牛养殖

肉羊养殖

大营子乡土庙子村大田蔬菜

蔬菜产业包装营销

大营子乡土庙子村大田蔬菜

十二吐乡苏泗汰村设施农业

统部镇活畜交易市场

二、基金低保双保险、全兜底

1. 基金保障方面。设立 1.6 亿元脱贫产业基金，投放到农牧业产业化龙头企业和其他重点企业，每年收取 10% 租金分红，无劳动能力和劳动能力弱的建档立卡贫困人口每人每年获得 1000 元稳定分红收益。

2. 金融扶贫方面。2018 年发放扶贫贷款 2.76 亿元，惠及贫困人口 3421 户 6602 人次。

3. 涉农资金方面。2018 年统筹整合各类涉农资金 1.63 亿元，用于脱贫攻坚实施的各类项目，增强了贫困人口自我发展能力，改善了贫困人口生产生活条件。

4. 两项政策衔接方面。将全县 9336 名符合条件的建档立卡贫困人口全部纳入低保、五保救助范围，两项措施兜住了收入底线。

符合条件的贫困人口享受最低生活保障

三、易地搬迁留得住、能致富

按照规划先行、产业前置、群众首肯、配套到位的原则，注重将易地搬迁与产业发展同步谋划、同步推进。实施“易地搬迁 + 光伏 + 设施农业 + 养殖 + 旅游”等模式，采取整村搬迁、“拔萝卜”安置等方式，群众自主选择向产业园区集中、向中心城区和镇区集聚。集中安置区发展光伏扶贫产业 30 处、设施农业 11 处、养殖产业 6 处、乡村旅游 4 处。2016—2018 年，完成易地扶贫搬迁2000户4641人，其中贫困户1875户4083人。2018年新建成集中安置点21处，安置贫困人口737户1533人，新建安置房3.1万平方米，人均住房面积20.72平方米，现已全部入住。

新城子镇英桃漠河村易地搬迁新村

四、健康扶贫保重点、不返贫

为了有效防止贫困人口因病致贫、因病返贫，自2017年1月1日起，林西县实施了“精准筛查、精准治疗、慢病补偿、大病兜底”的“1351”健康扶贫工程。全县建档立卡贫困人口中有15537人享受了“1351”健康扶贫政策。两年来，共救治各类贫困人口住院患者24206人次，政策范围内报销比例达90%以上，救治慢性病患者54058人次，慢性病实际报销比例达95%。全县制定实施162种临床路径，避免了过度治疗，贫困人口慢性病实现家庭医生签约服务全覆盖，形成了“小病在乡村、大病不出县、康复回基层”的就医格局，县内就诊率达到90%以上，有效地控制了不合理医疗资金支出。同时，对于动态管理过程中暂时没有纳入建档立卡的边缘人口，通过低保综合认定、临时医疗救助等措施实行分级救助。

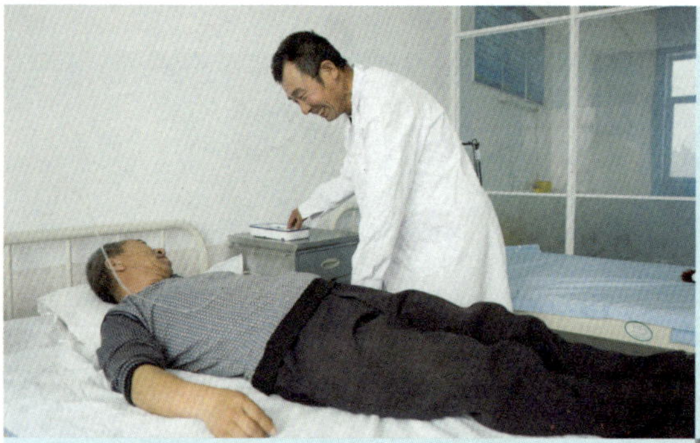

十二吐乡苏泗汰村卫生室医生为贫困患者诊疗

贫困患者在林西县医院接受治疗

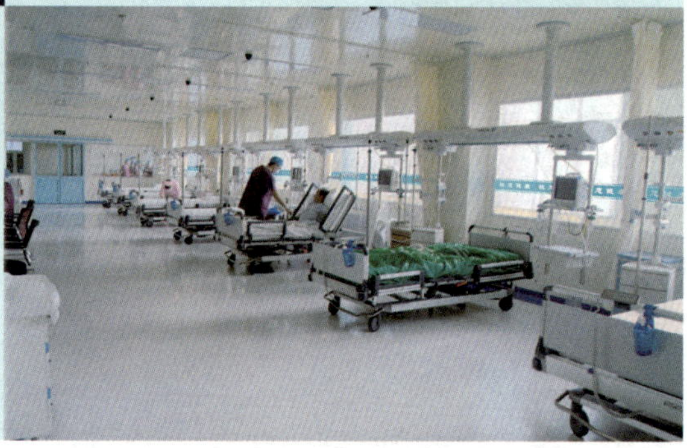

五、“志智”双扶增本领、强动力

1. 增强自力更生意识。大力提倡劳有所获、多劳多得，采取生产奖补、劳务补助等方式，鼓励引导贫困人口通过主动参与生产经营、就业打工、家门口公益岗安置、土地农机具资产入股等形式获得稳定收入。通过县财政投入和财政资金收益分配，结合农村环境综合治理，设置绿化、保洁等农村公益岗位 354 个，年人均增收 2800 元左右；依托村级便民服务站，设立公益岗位 46 个，年人均增收 18000 元；依托德青源公司的政府收益，建立党组织引领、理事会管理、贫困户参与的工作机制，构建新型“滴灌式”精准到户到人扶贫方式，带动贫困人口 2391 人，年人均增收 1544 元，实现由被动“输血”向主动“造血”转变。

2. 强化舆论宣传导向。将脱贫攻坚与乡村治理有机结合起来，大力弘扬社会主义核心价值观，发挥身边人、身边事的示范效应，让贫困群众树立起脱贫致富的信心和勤劳致富的信念。在财政资金收益分配上，拿出一部分资金设立乡风文明建设奖补基金，用于奖励勤劳致富、崇尚文明、尊贤和睦、公德孝道、守岗敬业的典型，有效激励良好社会风尚的形成。

3. 加强创业技能培训。依托贫困人口就业创业服务中心，整合相关资源，为贫困人口就业创业提供信息咨询、技能培训等多种服务，开设各类培训班 70 期，培训贫困劳动力 5905 人次。构建以相关部门、社会团体、电商龙头企业为主体的电商扶贫人才培训体系，不断激发贫困人口想致富的愿望、增强其能致富的本领。

活跃的村民文化生活

“孝行林西　润泽千家”孝老爱亲模范表彰晚会

六、多措并举重实效、促脱贫

在采用上述举措的基础上，加大了资金投入力度，2014 年以来，扶贫领域累计投入各类资金 40 多亿元，2018 年投入 7.36 亿元。探索实施了电商、生态、教育、光伏等扶贫模式，并结合社会扶贫，打出一套扶贫“组合拳”。

1. 电商扶贫方面。依托国家电子商务进农村综合示范县项目，搭建全县电商扶贫平台，建成村级电商服务站 103 家，实现基层服务网点全覆盖。实施村级电商服务站“一拖五帮扶”，即一个服务站带动帮扶 5 个贫困户，通过“电商企业 + 贫困户”帮扶模式，累计帮扶建档立卡贫困人口 962 户 2213 人，销售特色农产品 623 万元，增收 65 万元，带动电商创业就业 1249 人，其中贫困人口 706 人。

2. 生态扶贫方面。在发放生态补贴资金基础上，优先将 231 名建档立卡

北京市丰台区教委与林西县教科局结对帮扶签约仪式

贫困人口就地转为护林员和草原管护员，每人每年获得6000—10000元不等的工资收入。依托重点区域绿化等生态建设工程，吸纳贫困人口临时就业2000人次，人均增加工资性收入2000元。同时发展了10万亩的高效经济林，带动贫困人口768户1552人实现脱贫，年人均增收1892元。

3. 教育扶贫方面。严格执行贫困家庭大学生学费和生活费资助政策，共资助城乡低保、建档立卡贫困家庭大学新生183人，发放资助金214万元。为1731名大学生办理生源地助学贷款，发放贷款1190万元。为3988名家庭困难义务教育寄宿生发放生活补助资金218万元。为1792名家庭经济困难学生发放普通高中国家助学金、中等职业学校国家助学金166万元。另外，北京丰台青联教育扶贫基金会捐资助学资助义务教育家庭经济困难学生40人，每人2000元。中国中化集团资助家庭经济困难学生288人，发放资金31万元。

4. 光伏扶贫方面。建设 2.35 兆瓦分布式光伏扶贫工程 30 处，受益建档立卡贫困人口 1965 人，连续 20 年年人均收入 1000 元以上。

5. 社会扶贫方面。累计争取上级各类帮扶项目资金及京蒙、中化、银河证券等社会扶贫资金 7154 万元，县内包扶单位和干部捐助 316.7 万元，形成了全社会大扶贫新格局。

03

Chapter

合力攻坚
决胜小康

越是进行脱贫攻坚战，越是要加强和改善党的领导。脱贫攻坚战考验着我们的精神状态、干事能力、工作作风，既要运筹帷幄，也要冲锋陷阵。各级党委和政府必须坚定信心、勇于担当，把脱贫职责扛在肩上，把脱贫任务抓在手上，拿出“敢教日月换新天”的气概，鼓起“不破楼兰终不还”的劲头，攻坚克难，乘势前进。

——习近平《在中央扶贫开发工作会议上的讲话》

（2015年11月27日）

第一节　党建引领风帆劲　融合聚力谱华章

脱贫攻坚，淬火成钢；党心所依，民心所向。近年来，内蒙古林西县牢记习近平总书记嘱托，全面加强党的领导，强化政治责任，坚持把党建引领贯穿到脱贫攻坚全过程，以党建融合的聚力效应和精准细实的“绣花”功夫，把党组织和党员作用发挥在脱贫攻坚各个环节，形成了知行合一、众志成城、苦干实干、敢为人先的林西精神，为林西县打赢打好脱贫攻坚战、实现全面小康社会奋斗目标提供了坚强组织保障和力量支撑。

扫描二维码观看

《合力攻坚·决胜小康》

一、严明工作导向，增强脱贫攻坚政治担当

“1+16”“1+20”“1+4”……这一串串看似小学算术般的数字，却释放着林西县委、县政府时刻关注贫困群众冷暖安危的浓厚民生情怀。

坚强的组织领导和制度保障，是完成新一轮扶贫开发工作的重要前提和保证。林西县成立了由县委、县政府主要领导任双组长的扶贫开发领导小组，设立脱贫攻坚指挥部，下设1个综合统筹协调组、16个专项推进小组，全方位、多层次开展精准扶贫工作。主动对接《内蒙古自治区“十三五”脱贫攻坚规划》，实施“1+20”配套计划，推出20个县直部门配套实施方案，从目标任务、主要措施、责任分工、完成时限、检查验收等方面逐一进行量化、细化，全方位构建精准扶贫政策制度支撑体系，确保形成攻坚合力。

脱贫攻坚，行在于规，事在于人。林西县推行县四大班子主要领导和其他常委包乡镇、处级领导包村、县直部门帮扶村、党员干部联系帮扶贫困户的“四级联动”帮扶制度，明确县乡村三级党组织、下乡驻村工作队、行业部门和对口帮扶单位等10个层面职责任务，使每个脱贫户都有一名联系人、每个贫困户都有一名帮扶人，构建起三级书记抓扶贫、全县党组织和党员促脱贫的良好局面。

驻村干部进村入户对贫困人口进行调研摸底

新林镇“富民振兴”联合党委
在田间地头举行联合主题党日活动

在坚持县委、县政府主导扶贫的前提下，充分调动部门、行业特别是龙头企业以及社会力量参与精准扶贫，集聚社会力量和各方资源，实现企业、社会组织、个人与贫困户、扶贫项目等方面的直接对接，构建起专项扶贫、行业扶贫、社会扶贫“三位一体”的大扶贫格局。

推进精准脱贫，前提是精准识别贫困人口。为贯彻落实习近平总书记“精准扶贫、不落一人”的要求，林西县在开展精准识别过程中，以“四个切实”“六个精准”“五个一批”要求为指引，以“两不愁三保障”为目标和衡量标准，深入细致开展入户走访调查摸底工作，重点把握“两个精准”，先后开展了四次系统、全面的建档立卡“回头看”，不断健全贫困人口动态调整机制。同时，建立林西县精准扶贫数据中心，全面采集分析贫困人口相关数据信息，对贫困人口实行数字化、信息化管理。

“全县上下必须聚焦脱贫攻坚目标任务，下足功夫，举全县之力坚决打赢脱贫攻坚战，在2018年‘人脱贫、县摘帽’，2020年全面小康。”掷地有声的承诺来自林西县始终把脱贫攻坚作为最大民生的执政理念，来自24万林西人民勠力同心、团结一致、无所畏惧的勇气和决心，来自科学合理高位推动，来自务实管用的制度体系，来自行之有效的帮扶举措。

二、推动力量下沉，脱贫一线展现干部作为

习近平总书记强调：“全面建成小康社会，一个不能少；共同富裕路上，一个不能掉队。”驻村干部相当于扶贫工作的领路人，必须优中选优、加强管理、务实作风，确保贫困村驻村工作队选派精准、帮扶扎实、群众满意。

林西县充分发扬“人往一线走、事要亲自干”的精神，推动干部人才资

驻村工作队员与贫困户共同劳动

源向扶贫一线集聚。通过“自下而上提需求、自上而下派干部、组织考核定人选”的方式，从后备干部和优秀年轻干部中择优选派494人，组建脱贫攻坚下乡工作队100支，任命“第一书记”103名，覆盖所有行政村。按照“党务干部到难村、政法干部到乱村、经济干部到穷村、农林干部到专业村”的原则，最大限度提高帮扶针对性。全县实现107个单位2314名干部帮扶联系贫困人口全覆盖，并安排459名本村能人党员或基层优秀党员，专门联系2286户帮扶责任人为非党干部的贫困户，确保帮扶贫困群众无死角。

驻村期间，驻村干部自觉肩负脱贫攻坚历史使命，以满腔热情、深厚感情融入基层群众中，他们用自身的“辛苦指数”换取群众的“幸福指数”，点燃贫困户脱贫致富的希望。和所有80后、90后一样，杨莉也曾经在朋友圈晒自己的青春容颜、晒城市生活中的斑斓色彩。投入脱贫攻坚工作以来，她的微信朋友圈悄悄地发生着变化，晒得更多的是山间田野里劳动的身影、村居民房前戏耍的孩童、走家串户中质朴的脸庞。她曾帮助患有肝胆管结石、胆总管结石、肾结石等多发结石病贫困户王芳利用“轻松筹”平台筹集善款7万多元；曾联合其他驻村干部在春耕期间为老人耕种了19亩水浇地……与60后、70后相比，作为80后的杨莉虽然农村工作经验不足，一开始对驻村工作体味更多的是艰辛，但随着工作的深入开展，杨莉收获更多的是奉献后的满足与快乐。当她舍弃了城市生活的五光十色，真正感受到了那一方土地上的质朴的时候，她成长了、成熟了，真正成为一名合格的共产党员。

自2017年以来，全县近500名驻村干部与贫困群众风雨同舟、并肩作战，实打实、心贴心地为群众办实事、解难题，一条条举措、一件件实事，像一阵阵春风温暖着群众的心田，赢得了广大贫困群众的赞誉。

农民党员面对党旗庄严宣誓

三、创新管理机制，多管齐下提升帮扶实效

摸清底数、搞好规划、参与实施特色产业扶贫、劳务输出扶贫、建好美丽乡村、建强基层组织……在2016年召开的精准扶贫精准脱贫驻村干部动员大会上，林西县就明确了驻村工作队和“第一书记”的11条职责任务。之后，《林西县驻村工作队选派管理实施意见》《林西县推进重点工作下乡驻村工作队日常管理与考评办法》，驻村工作队联席会议、沟通协调、培训学习、履职管理、结果运用、召回问责等“六项机制”相继出台，让驻村干部既要下得去、待得住，还要干得好。

全县村级党组织书记赴红旗渠进行党性能力提升培训

在驻村工作队管理上，林西县坚持“日考勤、周记实、月考绩”，对驻村工作队和“第一书记”脱贫攻坚工作、履职情况、工作作风进行动态监控评价和督查。同时，利用微信群、“钉钉”移动办公平台，不定期下发通知和任务清单，打卡签到签退，反馈工作信息，加强与各乡镇和

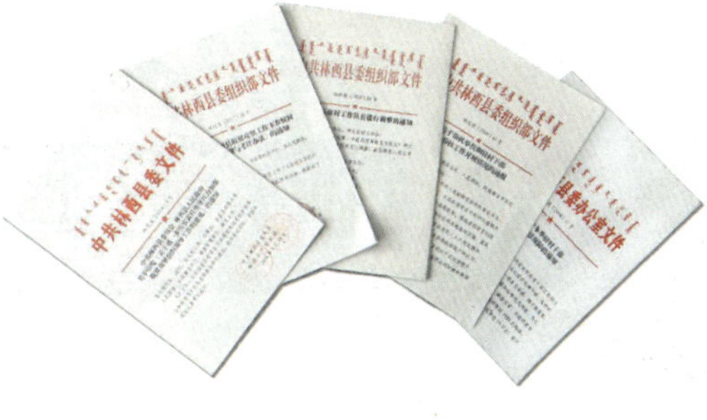

创新机制

工作队的联系沟通，形成工作合力。采取正面督查、明察暗访、视频查岗等手段，及时查处驻村不住村、造势不做事、措施不落实、出工不出力等问题。自 2017 年以来，共召回驻村工作队员和第一书记 12 人，取消后备干部资格 3 人，问责 7 人，通报 24 次，约谈 25 人，书面检查 34 人，有效地提升了脱贫攻坚的工作作风。

建立关心关爱机制，强化激励保障，每年安排专项资金 50 万元为驻村干部改善食宿条件，根据日常监控和绩效考评结果，按照县直派出驻村干部每人每天 100 元，乡镇派出驻村干部每人每年 5000 元的标准，累计发放驻村补助 440 多万元。为县直派出的驻村干部购买人身意外伤害商业保险，保额 12.4 万元。两年来，提拔重用脱贫攻坚主战场的干部 32 名，并为此还预留了 20 个科级干部岗位。在全县公开表彰 116 名脱贫攻坚先进工作者和驻村干部，进一步激发全县各级党组织、广大党员干部群众的干事创业热情。

自驻村工作队和“第一书记”选派以来，按照“指导不越位、服务不代替”的原则，坚持一手抓脱贫攻坚，一手抓党建工作，在精准识别建档立卡贫困人口、制定精准扶贫措施方案、争取各类惠农项目、组建农民专业种养殖合作社、发展壮大村级集体经济、加强基层组织建设等方面做了大量工作。据不完全统计，驻村工作队和“第一书记”主持制定发展规划 103 份，建成村级项目库 37 个，集约规范运行合作社 78 家，论证建设稳定增长的村集体经济孵化载体 119 个，承接落实强农惠农项目 256 个，围绕主导产业建立农产品生产基地 12 个，与 51 名经济能人共谋合作社建设等致富带富项目 62 个。

林西县双赢农机合作社

四、抓实基层支部，筑牢脱贫攻坚战斗堡垒

“给钱给物不如建一个好支部”，真正要脱贫，还是要靠有战斗力的村党组织。村党组织有力，就能带领群众迅速脱贫，也能巩固脱贫成果。近年来，林西县注重发挥党的基层组织政治优势、组织优势，把基层组织建设与脱贫攻坚有机结合起来，全力提升基层党支部质量，夯实了脱贫攻坚的坚实组织基础。

促村先抓乡。林西县以乡镇党委政府换届为契机，把37名群众认可、熟悉“三农”工作、基层经验丰富、工作突出的优秀年轻干部选进乡镇班子，“好马好人上一线”，精兵强将抓脱贫。建立乡镇干部“双包一访”制度，组织全县500多名乡镇干部包村包户，开展民情走访活动，全县近80%的乡镇力量下沉到贫困村，为贫困群众服务。加强乡镇小食堂、小厕所、小澡堂、小图书馆、小文体室等“五小工程”建设，改善乡镇干部和驻村干部工作生活条件，让党员干部在脱贫攻坚一线安心工作。

党员先锋队冲在第一线

驻村第一书记走访群众

选优配强村级党组织负责人，实施“三培两带”工程，把1362名党员培养成致富带头人，把820名致富能手培养成党员，把122名致富能人培养成村干部，造就了一批致富带头人和带领贫困人口脱贫的先进典型。调优村党组织书记28人，整顿软弱涣散村党组织10个。在2018年村“两委”换届中，49名能人党员、11名社会党员优秀人才当选为村党组织书记，村班子队伍结构进一步优化，提升了村级党组织引领致富、带领致富的能力。

林西县五十家子镇西边墙村党支部书记陈永春，刚刚年满40岁，十多年前就是村里有名的能人党员。这些年，他开过小商店，跑过运输，跟别人合伙修过路，带着村里10多个人创业致富。2018年初，西边墙村党组织被评定为软弱涣散党组织，这可让身为党员的陈永春着了急，他找到镇党委，表示自己想要竞选支部书记，并立志一定要把村子整顿好，带领群众增收致富。在村“两委”换届中，他高票当选村党支部书记。针对村民中半数是老弱病残人口的实际，他一上任就动员群众以每亩300元的价格流转土地1000多亩，走订单农业模式，为群众脱贫致富打下良好基础。

五、补齐基层短板，夯实脱贫攻坚基础保障

村级组织活动场所是农村基层组织建设的重要载体，是基层党组织凝聚党员、干部和群众的重要场所，也是基层党组织服务功能展现的重要平台。近年来，林西县先后投资1.5亿元新建、改建、扩建400平方米以上村级活

动场所103处，其中楼房化场所63处，平房化40处，建设村民文体活动广场146处，并配套建设了便民服务站、便民连锁超市、标准化卫生室、文体活动室等。采取政府购买服务的方式，在贫困家庭、“零就业”家庭和未就业的大中专毕业生中为每处便民服务站聘任1名专职工作人员，按照每人每月不低于1500元的标准落实基本报酬。梳理服务事项116项，按照“方便、就近”原则，以自然村为单位，依托村干部、党小组长、村民组长、网格长发展便民服务代办员445人，推行代办员联系卡制度，深入田间地头、农户家中，上门收集群众需要办理的事项，及时向村便民服务站反映社情民意、矛盾隐患、群众需要。将网上代购服务纳入服务事项范围，引进阿里巴巴电商服务平台，实现“网货下乡”和“农产品进城”的双向流通，为群众提供更多便利化和精细化服务。

老君沟移民新村全景

脱贫攻坚期间，村级组织活动场所成为服务群众的“连心桥”、教育培训的“充电站”、政治活动的“主阵地”、文化娱乐的“大舞台”，进一步夯实了新时代脱贫攻坚的前沿阵地。

集体经济是农村经济的重要组成部分，是促进农业增效、农民增收、农村富裕的物质基础。从2016年开始，林西县逐年实施集体经济“破零递增”“扩面增效”“提质增量”工程，找准发展村级集体经济与脱贫产业的契合点，探索推行存量盘活法、股份合作法、联合经营法、回租转包法、光伏增收法、电商孵化法、服务创收法、基金收益法、扶贫借势法等“强村九法”发展路径。截至2019年，全县103个村级集体经济收入全部达到3.2万元以上，到2019年年底，实现65%的村级集体经济收入超过10万元。依托日益发展壮大的村级集体经济，稳步提升村级组织服务实力和服务底气，彻底解决村级组织“无钱办事”“无力服务”的突出矛盾，改变一些村级党组织在群众中的“软散乏虚”的被动形象。

在把村级集体经济这块“蛋糕”做大的同时，严格规范管理和使用，确保村级集体经济长远发展、成果共享。完善议事决策机制，严格按照“5321”工作法进行议事决策和民主管理，整个过程向全体村民公开，接受群众监督。完善实事惠民机制，坚持“集体发展群众受益”的原则，在解决“有钱办事”的基础上，着力在基础设施、改善民生、助推发展、农民增收上下功夫，实现“反哺”惠民。林西县大营子乡土庙子村将全体村民合作医疗、有线电视费、60周岁以上老年人生活补助、养老保险补贴、平安保险、党员慰问帮扶等事项全部纳入集体资产出资范围，自2017年以来每年用于村民的各种福利达120余万元。

六、实施“党建+”模式，创新打造林西扶贫样板

习近平总书记指出，要采取超常举措，拿出过硬办法，按照精准扶贫、精准脱贫要求，用一套政策组合拳，确保在既定时间节点打赢扶贫开发攻坚战。在全县脱贫攻坚工作中，广大党员干部集思广益，创新思路，探索出多种模式精准扶贫，加快推动了农村扶贫产业的发展，也加速了贫困群众脱贫致富的步伐。

“党建+产业”模式。坚持把党组织建在产业链上，将能人党员聚在产业链上，让贫困户富在产业链上，党组织领办、创办合作社152家，建立合作社党支部45个，设立产业党小组375个。依托龙头企业或重点项目，打造甜菜、野果、生猪、蛋鸡、中药材5种成熟的富民产业，同步建设各类脱

贫产业园区 12 个，组建产业园区党支部 7 个，引领带动贫困群众发展致富产业。

林西镇富园惠民联合党委与北京市丰台区岳各庄村、郑常庄村签订共建协议

“党建 + 搬迁”模式。突出党组织谋划引领，充分发挥党组织在易地搬迁中的主导作用，严格按照“5321”工作法走好“一表两票三关四书”程序，在迁入区选择和搬迁人口准入上体现群众意愿，采取“1+N”的方式，组织驻村工作队、第一书记、村组党员干部点对点联系全县搬迁户 1275 户，新建集中安置区 41 处，人均住房面积 22.5 平方米。同步依托产业园区和集中安置点，发展光伏、设施农业、养殖、旅游等产业，实现搬迁人口产业发展全覆盖，确保搬迁人口有产业支撑、有稳定收入。

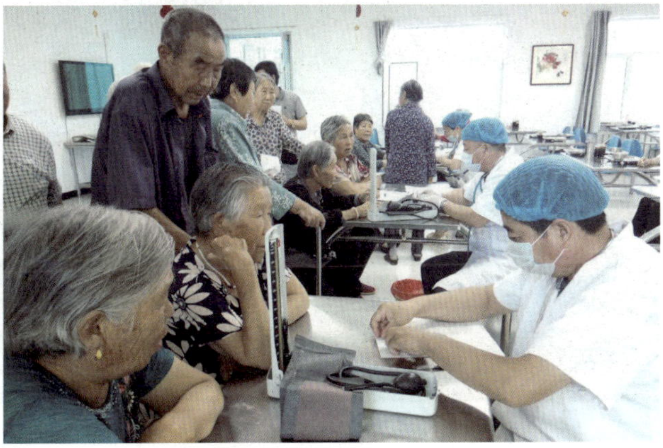

党员医疗志愿服务队开展“金晖行动”

“党建 + 健康”模式。充分发挥医疗机构党组织的政治引领和党员先锋模范作用，把健康扶贫作为脱贫攻坚的重要手段，全县成立 6 支“党员医疗志愿服务队”，建立 4 个健康扶贫医疗卫生专家库，全力组织开展健康扶贫工作。紧盯农村建档立卡贫困户和大病、慢性病群体，大力实施“1351”健康扶贫工程，贫困人口住院政策范围内个人自付不超过总费用的 10%，单次费用或年度累计费用不超过 3000 元，慢性病门诊费用不超过 5%，并提供“一站式”服务，实行先诊疗、后付费。

“党建 + 基金”模式。设立 1.6 亿元脱贫产业基金，为建档立卡系统内 2

全国生态文化示范村七合堂村全貌

万多名贫困人口每人提供 1 万元产业基金支持。通过基层党组织引导，贫困人口将产业基金注入实力强、效益好的龙头企业或合作组织，自 2017 年起连续 3 年每人每年获得 1000 元稳定收益。设立 2.5 亿元农牧业精准扶贫产业基金和 3000 万元合作组织扶贫带动基金，用于扶持合作社和贫困户发展脱贫产业。与邮储银行合作，设立 1500 万元党员致富带富专项基金，126 名农民党员创办 65 个专业合作社或家庭农场，带动 560 名贫困人口稳定脱贫。

"党建 + 电商"模式。依托"一村一品"建设，充分挖掘特色农畜产品，把 962 户贫困户培育成"五小"产业户，发展"老三区""三道溪""绿岛""内蒙古野果"等一批本地知名电商品牌。全县建成县级电商综合平台 1

个、乡镇站点 9 个、村级站点 103 个，构建县乡村三级电商物流体系。面向村干部、大学生村官、种养大户、便民服务站专职工作人员等群体，开展培训 9 次，2100 余人接受培训，使农民变网民、网民变网商，打造了“党组织 + 电商 + 贫困户”的创业脱贫格局。

“党建 + 人才”模式。实施“能人强村”工程，着力打造一支有思路、敢担当、善作为，能够引领、推动脱贫攻坚的基层党组织带头人队伍和农村党员队伍。深入开展“三培两带”行动，把 1362 名党员培养成致富能人，把 820 名致富能人培养成党员，把 122 名党员致富能人、合作社负责人、复转军人、大学生村官培养成村干部。

七、推动全域党建融合，凝聚脱贫攻坚强大合力

习近平总书记在党的十九大报告中指出，要“推进党的基层组织设置和活动方式创新”。在 2018 年 7 月份召开的全国组织工作会议上，总书记再次强调：“加强党的基层组织建设，关键是从严抓好落实。要以提升组织力为重点，突出政治功能，健全基层组织，优化组织设置，理顺隶属关系，创新活动方式，扩大基层党的组织覆盖和工作覆盖。”林西县面对因地域、隶属分割而带来的资源分散、规模效应差、工作协调衔接不畅、脱贫攻坚村际间发展不均衡等问题，在狠抓建制性党组织规范化标准化建设的基础上，创新党的基层组织设置和活动方式，大力推行全域党建融合发展。围绕脱贫攻坚建立非建制性乡镇脱贫攻坚联合党委 9 个，围绕野果、甜菜、中草药、蔬菜、肉牛以及生态经济、庭院经济等特色产业组建党建联合体 15 个，围绕社区服务、基层治理、行业共建组建党建联合体 20 个。其中，采取党组织跨区出县融合的方式，融入京蒙帮扶单位、市直单位等县外党组织 11 个，使各基层党组织变“单打独斗”为“团队协作”，变“简单合作”为“立体融合”，变“单一联系”为“多元融通”，实现服务力量、服务资源的有效集中，为打赢打好脱贫攻坚战凝聚了强大合力。

“虽然我们是两个村，但现在同属一个联合党委，就相当于一家人。不是提倡资源共享嘛，你们那 200 亩大棚没水浇，我们村的水资源好一些，就用我们村的吧。”十二吐村是典型的缺水村，设施暖棚面临着供水紧张的问题，相邻的西山根村水源条件相对较好，十二吐村的棚户早就想用西山根的水井供水，但一方面存在地域隔阂，另一方面不敢说也不好意思说。达康产业园区联合党委成立后，在联席会议上，十二吐村提出了这个需求，西山根村党总支书记刘占林主动提出了水源整合统筹使用的想法，现在园区供水打破了行政村的界限，实现了水资源的共享使用，供水条件得到了极大改善。

按照“组织相加、工作相融、党建引领、发展共赢”的原则，全县 44

个党建联合体先后开展联席会议、主题党日，互检互评活动530余次，有效促进了党建联合体各成员党组织间的组织融合、工作融合和感情融合。全县各党建联合体将服务中心、助推中心、保障中心作为党建联合体工作的出发点和落脚点，聚焦促脱贫攻坚、促乡村振兴、优化社会治理、联系服务群众、扩大“两个覆盖”等方面，共开列“需求意向清单”700余条，“服务项目清单”近850条，协调解决处理具体问题360余个，实现了抓党建与抓发展相统一。

新城子镇九佛山“野果富民”联合党委坚持强村带弱村，在与七合堂村毗邻、地形相似、生态条件相同的海棠湖村、枕头沟村、小城子村、大金沟村实施“七合堂再造工程”，各村、帮扶单位、涉农部门和野果深加工企业等22个党组织在“追生态逐经济促发展”之路上多方联动、同向发力，一

联合党委开展互助互帮互学活动

个个“放眼山川绿，芳草沁如茵”的生态村正悄然崛起，5个成员党组织村果树总面积达到近3万亩，辐射带动受益人口9800余人，人均年增收近4500元，产生的效益和发展动能随着果树的成长也会越来越大。

林西镇“富园惠民”联合党委围绕“富民党建”要求和脱贫攻坚实际，大力发展“五小”庭院经济，帮助贫困户发展小养殖399户、小田园156户、小果园28户、小作坊3户、小买卖8户，贫困户每户年均增收2000元。成员党组织北京丰台区卢沟桥乡岳各庄村党总支、郑常庄村党总支积极争取京蒙对口帮扶资金支持，实施了林西县农副产品集散中心项目，实现500人稳定就业，年人均增收2.5万元，真正体现了发展共赢。

在村“两委”换届中，各党建联合体利用成员党组织党员与贫困户、贫困党员“一对一”“一对多”帮联的优势，主动深入联系户谈心谈话，做足思想工作，推动实现全县村书记主任一肩挑比例达到74.8%，在全区排名第一。

深化“融合党建”理念，以更大力度推动管党治党由“被动抓”向“主动抓”转变，服务发展由“围绕型”向“融入型”转变，把党的全面领导体现在经济社会发展的各领域、全过程，从而实现党建与发展融合并进、互促共赢，在优化服务中凝聚党心民心、汇聚民意民力。这是林西县委狠抓融合党建的初衷，也是党建融合的魅力所在。

脱贫攻坚、乡村振兴、就业保障、健康医疗…… 民生实事就像一张考卷，考量着党委、政府的民本之心，而党的引领、党的建设就是答好这张考卷的如椽巨笔，在中央和上级党委政府的领导和指引下，林西县委、县政府有信心、有决心答好这张考卷，以“精准细实”的“绣花”功夫沿着习总书记擘画的宏伟蓝图坚定前行。

扫描二维码观看《林西县：创新党建工作推进脱贫攻坚》

脱贫计划不能脱离实际随意提前，扶贫标准不能随意降低，决不能搞数字脱贫、虚假脱贫。要实施最严格的考核评估，坚持年度脱贫攻坚报告和督查制度，加强督查问责，对不严不实、弄虚作假的严肃问责。要加强扶贫资金管理使用，对挪用乃至贪污扶贫款项的行为必须坚决纠正、严肃处理。扶贫工作必须务实，脱贫过程必须扎实，脱贫结果必须真实，让脱贫成效真正获得群众认可、经得起实践和历史检验。

——习近平《在深度贫困地区脱贫攻坚座谈会上的讲话》（2017 年 6 月 23 日）

第二节　扛起监督责任　护航脱贫攻坚

林西县纪委监委主动介入脱贫攻坚，不仅能够保证重大项目建设和资金的安全，更重要的是能够及时纠正落实过程中的跑偏走样，始终用鲜明的政治担当和严明的纪律，保障脱贫攻坚的正确方向，把监督执纪真正转化为助力和推力。在推进脱贫攻坚进程中，他们做到了既保驾又护航，效果十分明显。

2018 年 9 月 4 日，风和日丽，赤峰市召开全市纪检监察工作助推脱贫攻坚（林西）现场会，来自全市纪检监察系统的领导观摩林西县脱贫攻坚工作成果，他们的关注点更多地聚焦在脱贫攻坚过程中，纪检监察机关如何发挥职能作用，扮演好助推的角色。

2018年赤峰市纪检监察工作助推脱贫攻坚现场会在林西召开

一、找准站位，立足急重难点扛起政治担当

脱贫攻坚起步伊始，林西县纪委监委按照习近平总书记关于“要把脱贫攻坚作为‘十三五’期间头等大事和第一民生工程来抓”“一切工作都要落实到为贫困群众解决实际问题上，切实防止形式主义”等一系列重要论述，配合县委县政府脱贫攻坚战略决策和规划，制定出台了全县精准扶贫追责问责制度和责任追究办法。充分发挥纪委的监督责任，推动行业力量向一线下沉，纪检监察在一线执纪。县纪委监委牵头成立了产业发展、社会保障、基础建设、行业指导4个专项监督组，督导督促各专项计划进度，紧盯部门主要负责人。成立8个明查暗访专项督查组，对各乡镇、有关部门落实“1+20”情况开展专项督查督办。对贯彻落实脱贫攻坚决策部署不坚决不到位，在扶贫领域违规违纪、虚报冒领、优亲厚友、暗箱操作、挤占挪用等

问题“一案双查”。2016年以来，共接到扶贫领域和脱贫攻坚工作问题线索327个，立案85件，给予69名相关责任人党纪政务处分。

二、抓项目管理，全力保障扶贫资金安全

“立足把钱花好，开展涉及扶贫领域巡察，全程跟踪。”县纪委监委牵头，组织审计、财政、扶贫等多部门协同作战，针对移民搬迁、以工代赈、京蒙帮扶、“5531”脱贫产业奖补资金等各类扶贫资金使用情况进行巡察，全程跟踪。截至2019年1月，已开展4轮巡察，发现问题150个，向被巡察单位提出意见建议90条，移交问题线索42件。2018年，县纪委监委专门针对扶贫资金使用情况进行了跟踪调研，对全县9个乡镇的39个重点村的“三到村三到户”资金使用情况和农村监督体系建设情况进行了调查摸底，并对9个乡镇的“三务”公开不及时、扶贫资金使用不规范等7个方面的问题进行了反馈，督促有关乡镇进行整改。

林西县村级干部警示教育大会

“立足把钱花对，开展‘1351’健康扶贫资金跟踪调查，力求贫困户得到健康治疗，实施过程也要健康精准。”林西县纪委监委特别强调了健康扶贫过程也要精准。政策兑现之初，由县纪委书记带队，采取调研方式跟进，发现部分贫困户患者存在住院式体检、个别医生小病大治、多开检查费、宣传不到位、监管缺失等8个方面的具体问题，并提出了8个方面的监察建议，县纪委监委迅速向承担健康扶贫政策的单位作了情况反馈，要求各相关单位严肃追责问责，按照时限整改。按照整改要求，各相关单位上缴整改资金110万元，问责5人，有效保障了健康扶贫资金安全。

林西县纪委监委“健康扶贫”调研情况反馈会议

“立足把钱花实，开展扶贫资金专项监督执纪。”县纪委监委建立了扶贫领域问题线索专项受理制度，设置脱贫攻坚及扶贫领域信访受理和反馈窗口，对扶贫项目资金实行过筛式审查，做到对每笔扶贫项目资金动真碰硬、查清查透。自2016年以来，累计自查了1178个项目，涉及资金45.67亿元，通过自查发现扶贫领域“雁过拔毛”式腐败问题线索的扶贫项目182件，及时进行查处和有效纠正。

三、盯人促事，驰而不息推动干部奋进担当

人是推进脱贫攻坚取得成效的决定因素。因此，盯人促事，驰而不息推动干部奋进担当，便是摆在林西县纪委监委面前的重要课题。一是紧盯某些干部存在的侥幸心理，把脉开方。特别在精准扶贫的攻坚阶段，由于极少数贫困户住地偏远、某项脱贫指标模棱两可等问题，少数干部出现了“验收组找不到这户”“不可能抽到他”“差不多了”等侥幸心理，工作上马虎，工作环节不精细。针对这种情况，县纪委监委立即牵头组成了 9 个问题核实组，本着“不少一户，不落一人”的原则，对不达标准的下达整改通知单限期整改。回访不合格的，县纪委监委或乡镇纪委进行约谈，让刚一露头的侥幸心理受到了全面遏制，扶贫工作更加扎实，态度更加端正，提升了干部的威信。二是着力消除扶贫干部懈怠心理，严抓驻村工作队的散漫行为。针对帮扶干部出现的思想懈怠、驻村工作队员不入村或出工不出力等问题，县纪委监委与整治形式主义、官僚主义相结合，对发现的 4 个方面 18 种具体表现，从快从速查处。一方面采取随机查岗、全天候查岗等形式把干部稳定在村，并通过曝光的方式通报不在岗干部 118 人次，从根本上解决了驻村干部不住村的问题。另一方面，针对个别驻村干部出工不出力的问题，与乡镇党委和扶贫部门对接，制定了驻村工作队限时完成任务清单，县纪委监委对清单完成情况进行监督，并将完成情况向派出单位反馈，解决了既要驻村更要干事的问题。同时，充分发挥警示教育的震慑作用，全县有 50 余个党组织召开了 100 余场警示教育大会，8000 余名党员干部接受教育。对县直 1 个脱贫不力的单位进行问责，推动帮扶干部和帮扶单位真扶贫、真使劲，激励各级干部全心全意投身于脱贫攻坚工作中。

产业扶贫是稳定脱贫的根本之策，但现在大部分地区产业扶贫措施比较重视短平快，考虑长期效益、稳定增收不够，很难做到长期有效。如何巩固脱贫成效，实现脱贫效果的可持续性，是打好脱贫攻坚战必须正视和解决好的重要问题。

——习近平《在打好精准脱贫攻坚战座谈会上的讲话》

（2018 年 2 月 12 日）

第三节 产业扶贫让“造血”功能强起来

如何提高产业扶贫的可持续性？林西县以实际行动回答了习总书记之问。县里以企业或项目为龙头，带动多个扶贫产业形成产业链，让贫困户在产业链上增收致富，取得了“一条产业链，带富一大片”的效果。这种企业、合作社的龙头带动模式，做大了扶贫产业的规模，提升了产业扶贫质量和效益，保证脱贫效果持久有效。

县里围绕甜菜、蛋鸡、生猪、中草药、内蒙古野果等主导产业，以市场为导向，充分发挥德青源、佰惠生、恒光大、正邦全产业链、东山扶贫产业园等一批农牧业龙头企业和重点产业项目的引领、带动和示范作用，在龙头企业与贫困人口之间构建“1+4+5”的新型产业脱贫模式。“1”就是扶持一个大企业或一个重点项目落地。“4”就是贫困户从 4 个方面获得收益：一是贫困户直接生产农牧业产业建设所需要的初级产品获得生产性收益；二是贫困户以脱贫基金入股获得资产收益性收入；三是有劳动能力的贫困户参与农牧业生产获得劳务性收益；四是贫困户以土地入股或依托土地流转获得财产性收益。“5”就是发展甜菜、中草药、蛋鸡、生猪、内蒙古野果等5种产业。

为了在企业与贫困户之间建立紧密的利益联结机制，林西县还设立了脱贫产业基金。这种资产收益性扶贫模式让基金变股金、贫困户变股民，既解决了融资难、用工难的问题，又让贫困户深度参与企业生产，变简单“扶持到户”为“效益到户”，让贫困群众真正能分享到企业发展的红利。“1+4+5”脱贫模式，把一家一户的精准脱贫工作纳入经济社会发展的大格局之中，实现了县域经济发展、贫困户增收与社会和谐稳定的良性互动。

■故事一：一条产业链　带富一大片

产业是强县之本，是致富之源、脱贫之基。林西县坚持把产业扶贫作为脱贫攻坚的核心举措，以扶持一个大企业或一个重点项目落地为依托，贫困户可通过直接生产、土地入股、务工劳动、基金分红四种方式获得收益，积极发展壮大甜菜、蛋鸡、生猪、中草药、内蒙古野果五大主导产业，构建“1+4+5”产业扶贫模式，助力贫困户精准脱贫。

“我们早就和企业签订合同，按了手印，扶贫基金1000块钱也已经打到卡上了，这可真是天上掉下来的大好事，政府投资我们分红，感谢政府，感谢这个好企业。”正在浇地的林西县五十家子镇东边墙村村民银守章满脸喜悦地说。

银守章是因病致贫的典型，60多岁的他是家里三口人的顶梁柱，老伴患有心脏病、高血压、脑梗等多种疾病，他自己也有脑梗病史，即使每年都承包别人的土地耕种，仍然没有摆脱在贫困线上挣扎的状况。2014年，五十家子镇东边墙村在开展建档立卡精准识别工作中把银守章一家列为贫困户。

银守章嘴里的这个“好企业”，就是林西县新引进的投资3.75亿元的林西德青源240万只金鸡扶贫建设项目。为使扶贫资金真正发挥作用，林西县整合扶贫资金1.6亿元，在推进过程中，以政府入股的形式入资精准扶贫企业，企业以10%的比例给贫困户分红。2017年春耕刚开始，林西德青源240万只金鸡扶贫建设项目就与贫困户签订了每户分红1000元的协议。“1000元钱虽然不是个大数目，但至少解决了我一部分春耕生产难题，真算是雪中送炭了。”和银守章同村的贫困户孙永章也很满足。

“我流转给恒光大20亩山坡地，每亩150元，今年又流转了6亩水浇地，每亩是300元，再加上每天在那打工的一百二三十元钱，脱贫是没问题了。”新林镇五星村村民王福友靠着土地流转和务工劳动摘掉了贫困的帽子。

德青源金鸡扶贫项目

北京德青源公司林西县生产厂鸡蛋挑选车间

新林镇五星村恒光大中药材种植示范基地

把“输血”为贫困户提供短暂帮扶，变成“造血”助其长远发展，这是林西县扶贫路上始终坚持的一个理念。为充分调动贫困户的“造血”功能，林西县结合农牧业“5531”工程，利用5000万元财政资金杠杆，撬动5亿元扶贫金融贷款，实施“1+20”配套计划。按照“资金跟着贫困户走，贫困户跟着公司走，公司跟着产业走，产业跟着市场走”的产业扶贫思路，全力推动贫困户发展生产、土地入股和进行务工劳动脱贫致富。

目前，林西县江西正邦集团200万头生猪全产业链养殖、内蒙古恒光大现代农业有限公司中药材种植示范基地、河北承德永丰马铃薯种薯等项目已经流转土地10万余亩。这些企业流转的土地多为坡改梯项目旱地和沙化的弃耕地，早已成为农户种植过程中的“鸡肋”，企业以每亩200元至400元不等的价格承包，农户直接获得稳定收益达4000余万元。

内蒙古佰惠生新农业科技股份有限公司机械化收获甜菜

“甜菜富农”始终是该县脱贫攻坚的“利器”。作为当之无愧的龙头企业，内蒙古佰惠生新农业科技股份有限公司也切实承担起了帮助农民脱贫致富的重任。该公司坚持“公司+科研+基地+农户（贫困户）”的产业发展模式，以发展甜菜种植为依托帮助农民提产增效。在政府扶贫政策的引导下，佰惠生公司春季与贫困户签订种植合同，走订单农业之路，每年为种植户垫付农用物资款达5000余万元，到秋收时以保底价收购，企业承担风险，保证贫困户稳定收益。2018年，林西县境内共有原料区8万亩，覆盖所有乡镇和行政村，仅甜菜种植一项即为当地农民增收1.5亿元，带动贫困户1923户4183人脱贫，户均增收2000余元。

天拜山饮品果汁生产包装车间

七合堂的“内蒙古野果”

“内蒙古野果”是林西县本地品牌，也是该县扶贫产业之一。为延长野果产业链条，提高产业附加值，林西县在引进天拜山果饮加工企业的同时，出台经济林扶贫产业政策，对果农按退耕还林政策补助总投资达 1280 万元。截至 2019 年 1 月，全县以内蒙古野果为主的经济林保有面积 10.5 万余亩，年产果品 3 万多吨，种植户人均增收 1600 多元。

“没掏一分钱就成了佰惠生公司的股东，咱这当了大半辈子的农民，今儿个算赶上好时候啦！”十二吐乡十二吐村 70 岁的贫困户王付成，拿着帮扶干部送来的 1000 元企业基金分红款高兴地说。

林西县设立 1.6 亿元脱贫产业基金，以贫困户每人 10000 元入股的形式，投放到县内农牧业产业化龙头企业和其他重点企业，每年收取 10% 的租金分红，无劳动能力和劳动能力弱的建档立卡贫困人口每人每年能获得 1000 元稳定分红收益。

2018 年，林西县发放扶贫贷款 2.76 亿元，惠及贫困人口 3421 户 6602 人次。统筹整合各类涉农资金 1.63 亿元，用于脱贫攻坚实施的各类项目，增强了贫困人口自我发展能力，改善了贫困人口生产生活条件。

“五种产业发展模式共带动建档立卡贫困人口 9131 户 17319 人，占贫困人口总数的 86.3%，人均增收 1825 元。”林西县扶贫办主任赵光明说。

■故事二：资金变资产　金鸡产金蛋

2018年的暮春时节，锅撑子山下的林西县德青源公司标准化蛋鸡养殖小区热闹非凡，伴随着连绵不断“咯咯哒”的鸡叫声，240万只扶贫“金鸡”陆续产下“金蛋”，仅一个月时间，产蛋量已经突破500万枚。

“这些鸡蛋蛋壳上有品牌、生产日期和农场追溯码，”公司负责人介绍说，“这个编码就相当于鸡蛋的身份证，它是唯一的，根据这个编码可以查询到每个鸡蛋来自哪个生态园、哪一栋鸡舍、哪一条生产线。德青源生产的鸡蛋在最大程度上确保了消费者的食用安全。”

德青源农业科技公司

德青源是中国蛋鸡产业化著名品牌，是业内创新研发以及产业链深度整合的典型代表企业，同时也是全球领先的生态农业企业。该企业推动并参与制定了中国第一个鸡蛋标准，开创了中国鸡蛋品牌先河，创建了可持续发展的生态农业模式，建立了全球领先的循环经济标准，是引领农业产业化发展、率先践行智慧农业的先锋。

在金鸡扶贫的实践中，德青源将自身探索出的“有机种植—生态养殖—食品加工—清洁能源—有机肥料—蛋品物流体系”一体化、一二三产业融合发展的循环农业模式和云养殖模式推广到贫困地区，实施“金鸡产业扶贫计划”，帮助贫困地区搭建起完整的蛋品加工产业链，贫困群众借助扶贫资金以入股形式参与到产业化的生产中，获得稳定的资产性收益，形成脱贫的长效机制。这样，德青源金鸡产业扶贫计划与林西县“1+4”产业扶贫格局实现高度融合。

2016年12月19日，北京德青源农业科技股份有限公司与林西县政府签订了林西县金鸡产业扶贫项目投资合作框架协议。采取政府先行投资建厂、企业后续租赁经营、整合扶贫资金入股、贫困群众分红受益的方式运作，即林西县整合财政涉农资金1.25亿元、金融机构融资1.25亿元，共筹资2.5亿元用于建设厂房和购置设备；德青源公司投资1.25亿元用于生物资产和流动资金周转。建成后由德青源公司租赁运营，租期15年，每年按照固定资产投资的10%支付租金，即每年支付2500万元，15年预计支付3.75亿元。

林西县金鸡产业扶贫项目总投资3.75亿元，占地面积540.08亩，建筑面积5.9万平方米。建设存栏30万只标准化蛋鸡养殖小区6个，存栏30万只标准化青年鸡养殖小区2个，蛋鸡年养殖规模240万只。配套建设饲料加工厂、蛋品加工厂、沼气厂、有机肥厂、综合办公区，购置安装生产设备22210台（套）等。项目投产出效益后，年产鸡蛋5.5亿枚、蛋液4500吨、生物天然气200万立方米，年实现产值6.2亿元、利税6000万元。

德青源金鸡富民产业

2017年5月12日，林西德青源第一栋鸡舍在十二吐乡开槽动工，拉开了金鸡项目建设的大幕。在林西县委、县政府的正确领导及北京德青源总公司的大力支持下，林西农投公司与林西德青源公司携手努力，经过为期168天的建设，完成了青年鸡区和蛋鸡区的所有工程建设，2017年11月29日迎来第一批53280羽雏鸡进场，这标志着林西德青源金鸡产业扶贫项目正式投产运营，项目真正达到了当年规划、当年立项、当年开工、当年投产见效的产业扶贫新速度。这也创造了德青源历史上的新奇迹，被称为“林西速度”。

德青源金鸡产业扶贫的一大特色就是项目建设周期短、投产快、见效快。2017 年 11 月 28 日，林西德青源与农投公司（现代农业）完成青年鸡区全部建设并做好进鸡准备工作，林西德青源按合同约定当日支付给农投公司第一笔租金 200 万元，由林西县扶贫办和农投公司对此笔租金按照林西县扶贫办相关规定进行分配执行。其中：138.7 万元用于扶持重点贫困村发展村级集体经济及设置公益岗位 411 个；29 万元用于十二吐乡就业带贫，设置公益岗位 173 个；32.3 万元用于“1351”健康扶贫工程，纳入脱贫医疗保障基金，解决 95 名因病致贫建档立卡贫困人口就医问题。

德青源公司与林西县实施“金鸡扶贫计划”的一个重要目标，是带动贫困户就业，让贫困人口获得劳务性收益。随着德青源金鸡扶贫产业项目投产运营，2017 年 10 月 11 日，第一批员工上岗。这些员工侧重于从当地建档立卡贫困户或困难人员中进行录用，截至 2018 年 1 月 1 日，共录用上岗 83 人，其中建档立卡贫困户 26 人，占公司人员比例为 31.32%。返乡务工人员 16 人，占公司人员比例为 19.28%。林西德青源金鸡扶贫项目能够提供 800 个就业岗位中的 150 个低技能岗位，定向录用建档立卡贫困人口，其余 650 个技术岗位，优先录用建档立卡贫困人口。

苏泗汰村村民常丹荷通过招聘成为德青源公司职工，在鸡舍负责饲养工作，他介绍说：“公司的待遇挺好的，还在家门口上班，守家在地的能照顾父母，我很满意。”和常丹荷一样，苏泗汰村的建档立卡贫困户付万泉也是时常外出打工，听说家乡的德青源公司招聘员工，他没有犹豫地选择了回乡报名应聘。林西德青源不断完善薪资奖励机制，使员工的付出得到相应的回报，让困难的员工不再困难。

通过实施金鸡扶贫项目，德青源公司、蛋鸡养殖合作社提供就业岗位及村内公益岗位，激发了贫困人口内生动力，使有劳动能力的贫困人口通过劳动实现有尊严脱贫，实现“一人就业，全家脱贫”。

德青源公司对林西县脱贫攻坚最直接、最见成效的是使贫困人口获得稳定的资产性收益。林西德青源金鸡产业扶贫项目 2500 万元租金扣除还本付息和纳税后的部分所剩1200万元全部用于精准扶贫，让贫困人口获得资产性收益。其中，5000名入股建档立卡贫困人口，每人每年分红1000元，共500万元。39个重点贫困村，每村每年分红5万元，共195万元，用于设立村内公益岗位和发展公益事业，安置1000名公益岗位，每个公益岗位年工资2000元，可解决部分有劳动能力的贫困户家门口就业和长期稳定增收的问题。其余505万元统筹用于医疗扶贫、教育扶贫等。

如今，德青源公司金鸡产业辐射效应逐渐显现出来，依托金鸡产业扶贫项目，吸纳贫困人口入股合作社，通过“公司+合作社+农户+贫困户”方式，带动贫困户发展蛋鸡养殖，部分贫困户通过土地流转、租赁、入股等方式获得土地补偿，增加财产性收益。同时设立“金鸡产业扶贫基金”，用于组织和扶持养鸡农户。通过实施该项目，既带动了贫困人口参与蛋鸡养殖产业生产经营，让贫困人口获得生产性收益，又推动林西县蛋鸡养殖产业规模化、产业化发展，实现产业转型升级。

2018年，林西德青源根据实际情况开展关联产业就业，扩大扶贫脱贫范围。包括订单农业、物流运输、产品包材等，项目满产后关联产业将带动5100人就业。其中，玉米订单种植4500人，人均收入0.3万元/年，关联运输企业就业500人，人均收入1.2万元/年，关联包装企业就业100人，人均收入1.2万元/年，从而扩大提升金鸡产业扶贫的范围。

无论是立足现在还是着眼未来，德青源金鸡产业脱贫模式都呈现出诸多优势。一是构建新型“滴灌式”精准到人到户的扶贫方式，实现由“输血型”向“造血型”转变，切断贫困的代际传递，解决脱贫又返贫问题。二是实现扶贫格局由千家万户“单打独斗”向规模经营“合力攻坚”转变。三是扶贫效果由“分散式个体增收”向“区域性整体致富”转变，贫困群众可获得长期稳定收益。四是突破产业扶贫与金融扶贫合作瓶颈，建立金融资本与龙头企业相结合的扶贫模式，解决有人力没技术、有产品没资金、有产品没品牌、有产品没产业链、有利益没机制等难题，真正带动贫困户脱贫致富。五是围绕公司各项经济运行链条，创设贫困人口参与、受益渠道，打造“379”扶贫带贫减贫新模式。“3”就是贫困人口在项目建设和运营中的参与比例应达到30%以上，在公司生产经营中贫困人口用工比例不低于30%；“7”就是德青源公司创设合作社订单种植收购、包材厂就业、物流运输、劳务服务、有机肥厂就业销售、蛋鸡养殖、扶贫蛋直通车等7个方面利益连接链条，并保证贫困人口从中参与受益的产业总比例达到70%以上；“9”就是合理规划和设计租金收益使用方式，保证租金收益90%以上用于贫困人口，达到进一步巩固脱贫、推进贫困人口增收致富的目标，真正带动贫困户脱贫致富。

德青源公司“金鸡产业扶贫计划”的实施，通过构建新型滴灌式的到人到户扶贫模式，实现从“输血型”扶贫到“造血型”扶贫的转变，探索出政、企、农三方分置的扶贫模式，真正给贫困县老百姓带去一只会生“金蛋”的“金鸡”。

2018年5月17日，全国产业扶贫带贫减贫机制培训班在林西举办

■故事三：糖业舞龙头　百姓尝甜头

眼下正是榨糖季，地处林西县食品加工园区内的内蒙古佰惠生新农业科技股份有限公司的制糖车间机器轰鸣。从农民手里收购来的甜菜，经过切丝、提汁、分离、结晶等10多道工序，就变成了洁白纯净的绵白糖。公司董事长宿彦良穿上白色工作服来到生产车间，视察生产线每道工序的运转情况。他说："制糖企业离不开甜菜基地，更离不开农村的父老乡亲，企业要带领大家脱贫致富，过上好日子！"

走进佰惠生公司，企业"脱贫攻坚指挥部"的牌子赫然在目。企业为了抓好"甜菜扶贫"项目，专门成立了指挥部，并与县扶贫办联合成立了产业扶贫办公室。"参与到制糖产业链上的贫困群众，在一个产业上就能获得四部分收入！"林西县扶贫办公室主任赵光明掰着手指如数家珍：一是种甜菜的农民有种植收入；二是不种甜菜的农民流转土地有租金；三是招收部分贫困户到企业当工人；四是贫困户通过脱贫产业基金，还能在企业获得资产性收益。赵光明笑称这是"1+4"扶贫模式。如今，这种扶贫模式已经在林西县落地生根，开花结果。

在官地镇下官地村，农民们正忙着收获甜菜。随着收割机的前行，一棵棵硕大的甜菜被从地里拔起。农民于才算了一笔账：一亩地平均能收3.7吨甜菜，按订单价格每吨540元计算，一亩地的毛收入就有2000元，除去800元的成本，一亩地纯收入1200元左右。企业春天为农民提供种子、有机肥等生产资料，秋后从甜菜款中扣

佰惠生公司技术人员现场指导农户科学种植

甜菜种植喜获丰收

除。于才说："跟着糖厂种甜菜，有订单，不愁卖，企业还给垫着本钱，农民有钱没钱都能把地种上！"去年，在企业的引领下，有2040户贫困户种了9180亩甜菜，人均增收2795元。为了解决贫困户家庭子女就业问题，佰惠生公司还启动了校企联合办学计划，与包头轻工学院合作，共同培养本土制糖专业人才。企业面向贫困村镇，以贫困家庭为重点，选拔近200名25周岁以下、具有高中以上学历的青年，为他们提供助学金及奖学金，保送到学校学习，毕业后优先录用进入企业工作。目前，大部分学员已经如期进入学校学习。对愿意到企业学习机械安装维修、电工、电气焊等实用技术的贫困家庭子女，提供必需的生活工作条件，使他们在较短的时间内能熟练地掌握具体的操作技能。除了培养本地技术人才安排就业外，企业还在甜菜收购、生产、运输、经营等环节安排有劳动能力的贫困户就业，几年来已累计安置800多人，人均年收入25000元左右。

佰惠生公司与县扶贫办合作，利用县里为贫困户分配的脱贫产业基金，探索资产收益型的扶贫方式。企业每年为7450名建档立卡贫困户提供745

佰惠生公司产品加工现场

万元的精准扶贫资金，3 年累计达到 2235 万元。如今，这些贫困户在 3 年内，每人每年都能拿到 1000 元的精准扶贫资金。这种创新的扶贫方式，让没有劳动能力的贫困户也能享受到精准扶贫的阳光雨露。

佰惠生公司不仅是脱贫攻坚的引领者，还是先进技术的传播者。企业推广使用甜菜专用机械，并专门成立了农业机械服务公司，为种植户提供机械服务，降低种植户的种植成本。积极鼓励引进国内外先进设备，推进大中型甜菜联合收获机的使用，推广一批适应性强、可靠性好、性能优良的甜菜耕作机械以及中耕培土、收获等机械技术，逐步实现甜菜种植全程机械化。重点鼓励扶持已经形成规模的农村农机合作组织，引导成立更多的农机专业合作社，通过市场运作方式发展机械化社会服务。

根植沃土枝叶茂，佰惠生公司“反哺式”的扶贫，促进了企业的快速成长。企业按照集约化、规模化、机械化、科技化和组织化思路，每年发展不低于 5000 亩的甜菜种植示范基地，争取 3 年达到 20000 亩。

如今，企业在县内发展稳定甜菜基地 8 万亩，县外 6 万亩，覆盖了赤峰市林西县、克什克腾旗、巴林右旗、巴林左旗以及乌兰察布盟的商都县等旗县。直接带动林西县种植甜菜农户 5883 户中的 1923 户贫困户共 4183 人脱贫。每年给农户带来约 2.5 亿元的经济收入。

2018 年，企业收购甜菜 100 余万吨，菜农人均种植甜菜收入 2000 余元。企业实行订单制，收购价格公开承诺，及时结算，不打白条，降低了种植风险，提高了农民收入。甜菜种植已经成为当地农民调整种植结构、脱贫致富的重要手段，是农民经济收入的主要来源之一。

2018 年，企业优级产品率、百吨甜菜耗标煤、糖分总回收率 3 项指标在全国 19 家甜菜制糖企业中名列前茅，成为全国制糖行业的翘楚。同时，又在锡林郭勒盟太仆寺旗新建了一座日处理甜菜 6000 吨的糖厂，一个行业内的标杆呼之欲出。

■故事四：扶贫园区化　提质又增效

仲夏时节，走进大井镇生态扶贫产业园，放眼望去，一个个钢架结构的大棚就像在广袤田野上卷起的层层白色波浪，标准化的环山公路蜿蜒在整个大山之中。“在家门口的这个产业园打工，一天能有 100 元的收入，这回我可借上光了。”正在园区打工的江春国感叹道。去年江春国靠在产业园打工一年有了 3 万多元的收入，这也让他摘掉了贫穷的帽子。

江春国是大井镇中兴村二组村民，由于老伴患病，成为建档立卡贫困户。他自 2015 年起开始在产业园务工，帮助种植、施肥、管护、装箱等，每个月都能拿到近 3000 元的收入。过去，江春国靠几亩地为生，老伴患病后家里的开支很大，为了维持生计，59 岁的他还在外地打过零工，然而年龄的限制让江春国常常找不到工作。大井镇生态扶贫产业园的成功建设让他看到了致富希望，实现了家门口就业。

近年来，大井镇重点打造的生态扶贫产业示范园区，通过种植有机西红柿、养殖小笨鸡、流转土地、劳务用工等多种形式，为脱贫攻坚注入了新的动力。截至 2018 年末，整个园区共带动贫困户 121 户 232 人脱贫，人均年增收 3000 元以上。

光伏产业

特色种植

“大棚里种菜就是好，蔬菜长得好还不愁卖，今年的收入有保障啦。”2018年7月中旬，在五十家子镇头道湾子设施农业扶贫产业园区内，建档立卡贫困户徐秀霞看着长势喜人的豆角，喜悦之情溢于言表。“豆角摘下来能卖到5块钱一斤，到现在已经卖了7000多块钱了，这两个棚的菜还能再卖6000多块钱，设施农业让我看到了脱贫的希望。”五十家子镇位于林西县北部，由于海拔高，年平均气温只有4摄氏度，农业生产受到了极大的限制。为摆脱这种对农业生产的不利状况，该镇整合易地扶贫搬迁、设施农业等项目资金，按照“一村一品、多村多品”的原则，在园区内打造了一条以易地扶贫搬迁人口为主要从业人员的设施农业综合扶贫产业链。“根据市场调研，下一步我们计划组织贫困户在大棚里种油桃，收入预计能达到2万多元。”五十家子镇五十家子村党支部书记路显奎说。

为加大高效农业特别是设施农业推进力度，林西县按照一次性设计、分期建设、相对集中、注重规模的要求，在中南部乡镇以发展日光温室为主，在北部乡镇以建设暖棚为主，在城郊及国省道沿线发展特色设施农业，走旅游观光、休闲采摘、体验农业的路子，打造农业特色品牌，使贫困户稳定增收脱贫。

2018 年，林西县已开工建设设施农业园区 8000 亩，发展设施农业小区 18 个，设施农业总面积发展到 1.2 万亩，共带动贫困户 4679 人。走进林西

东山生态扶贫产业园一隅

县东山生态扶贫产业园区，机械轰鸣，人头攒动，产业园一期工程建设正在如火如荼地进行中。林西县规划局副局长刘立坤说，截至 2019 年 1 月，产业园一期工程已完成山体的树坑开挖大约 1500 亩，种植树苗 22000 余棵，完成投资大约 500 万元。另外，为了满足整个园区的建设需求，新布设供电线路两条，目前已经完成了线路的铺设和施工现场通电工作。

林西县东山生态扶贫产业园总规划面积 27.7 平方千米，涉及 3 个乡镇、街道，8 个村组。产业园以生态修复为基础，依托“一河、三川、四山”的现状格局，充分利用现有的建设用地、农业设施用地和自然山体，按照产业扶贫、旅游扶贫、生态扶贫相结合的思路，实施“1+4+N”的产业发展模式。“1”就是以东山自然山体生态修复为主题；“4”就是利用现有的用地形成 4 个产业区，分别是都市农业观光区、生态农业产业区、生态沟域经济示范区和休闲农业体验区；“N”是在这 4 个产业区的基础上打造多个项目节点，这些项目节点涵盖精准扶贫、郊野运动、养老养生、休闲度假、旅游服务等多个项目。

对于该产业园在脱贫攻坚中的作用，刘立坤说：“第一个就是在建设期可以安排新就业岗位 500 到 800 人，建设完成以后，要进入到运营期，这个运营期大约可以解决 300 人就业。另外，整个这几个沟域的农民的土地通过流转进行农业建设，可以让我们广大的农民多方面地受益于经济增长，最终达到农民脱贫的目的。”

东山生态扶贫产业园一隅

统部镇肉牛养殖合作社

■故事五：资金办大事　脱贫奔小康

脱贫攻坚是一项系统工程，做好脱贫攻坚必须有真金白银，然而，“撒胡椒面”式的资金扶贫，难以实现贫困地区和贫困群众的飞跃。为此，林西县注重打好资金组合拳，建立了“多渠道进水，一个龙头出水”和“各炒一盘菜，共办一桌席”的扶贫资金整合协作机制，有效地强化了资金使用效益。

截至 2019 年 1 月，林西县本级财政集中安排扶贫资金 7.36 亿元，整合涉农资金 1.6 亿元，重点用于产业发展和基础设施建设。县财政以注入风险担保金方式，设立 1.6 亿元农牧业精准扶贫产业基金和 3000 万元合作社扶贫带动基金，全部用于扶持合作社和贫困户发展脱贫产业。2018 年扶贫领域投入各类资金 20 亿元以上。同时，全面实施本县农牧业“5531”工程（“十三五”期间，新增设施农业 5 万亩、中草药 5 万亩、经济林 5 万亩、肉驴 5 万头、家禽 500 万羽、优质牧草 10 万亩、肉牛 10 万头，改造低产低效林 10 万亩）。几年来，县财政投入产业奖补资金 3.3 亿元，并

统部镇兴源牧业肉牛养殖合作社

撬动 17 亿元金融资金投入农牧业主导产业，为全县脱贫攻坚提供了强有力的资金支持。

55 岁的李喜林是五十家子镇水泉沟村 7 组的建档立卡户，因妻子患有精神疾病，常年需要用药，医疗支出大，但家里仅有十几亩旱坡地，过着靠天吃饭的日子，致使家里的经济状况非常窘迫。2014 年，林西县开始精准识别建档立卡贫困人口，李喜林一家成为第一批享受精准脱贫政策的帮扶对象。几年来，李喜林借助农行金穗富农贷款的支持发展肉羊养殖，走上了致富道路。“这几年我每年卖三四十只肉羊，这一项纯收入就有 2 万多元，多亏了政府帮我协调农行贷款，没有这笔贷款就没有我们现在的红火日子。”谈到当初镇里帮他协调扶贫贷款的事情，李喜林感激之情溢于言表。

“我们这些人集体从邮储银行办的贷款，共同把这个合作社干了起来，如今家家户户的日子都比以前强多了，真是走上了脱贫致富路，得感谢政府

五十家子镇河湾子家禽养殖专业合作社

五十家子镇水泉沟村肉羊养殖

给的这么好的政策。”林西县金鸡岭小笨鸡养殖专业合作社的脱贫户社员姜艳芹高兴地说。

2016 年 4 月，中国邮政储蓄银行林西县支行到大井镇中兴村进行“扶贫贷”业务整村推进宣传工作，金鸡岭小笨鸡养殖专业合作社的理事长姜富贵一听说发展养鸡可以在银行贷款并有政府贴息，喜出望外，立即组织社员递交了贷款申请。姜富贵说：“我们以销售成品小笨鸡为主，除去成本，所赚无几，决定建立规范化小笨鸡屠宰加工流水线，但苦于无资金，计划一直难以实施。‘扶贫贷’雪中送炭，邮储银行工作人员现场办公，通过一站式服务，没过几天，我们合作社就获得 90 万元扶贫贷款。”

大营子乡土庙子村的设施农业

有了这笔金融扶贫贷款的支持，林西县金鸡岭小笨鸡养殖专业合作社不断发展壮大，成为一家占地面积2450亩、拥有标准化鸡舍24栋和“三道溪”商标的国家级优秀农民示范社。总投资150万元的年屠宰50万只小笨鸡的加工流水线投入使用后，通过了QS认证，市场竞争力不断提高。2018年金鸡岭合作社与北京中兴华康食品有限公司签订定购协议，并在林西镇内注册成立了内蒙古中康食品有限公司，年销售小笨鸡60万只。合作社采用“公司+合作社+贫困户”的精准扶贫模式，带动周边125户386名农户和33户83名建档立卡贫困户，走上脱贫致富之路。

统部镇双赢农机合作社收获马铃薯

这段时间，家住新城子镇英桃漠河村的杜意越来越忙了。一大早，不是忙着在地里平整土地，就是在牛舍里清粪。由于农活太忙，很多时候他都是

官地镇龙头山村合作产业园

早饭午饭一起吃。

从贫困户成为种养大户，这半年来，杜意在英桃漠河村出尽了风头。2014 年，杜意还是一名贫困户，他想通过发展养殖产业摆脱贫困，然而启动资金却成了拦路虎。他一贫如洗，身后还有一屁股债，踏破亲朋门槛，也没有哪个情愿借。无奈杜意想到了贷款，但是贷款需要抵押和担保，和绝大多数贫穷农户一样，他既没有什么财物可抵押，也找不到人担保。

“没有资金，什么都干不成。”就在杜意心灰意冷开始打退堂鼓时，2016 年 4 月，林西县政府和农业银行合作在全县推广“富农贷”。杜意通过申请，当年顺利取得了 4 万元贷款，购买了 6 头牛，经过两年的精心饲养已经发展到现在的 16 头，年收入达到 4 万多元。如今，杜意搬进了新房，干劲更足了。2018 年他还经营了 30 亩的玉米制种，加入了养殖合作社，养牛和玉米制种两项的收入达到 10 万元。

为加快脱贫攻坚进程，确保金融服务更加契合扶贫开发需要，林西县建立了金融扶贫工作联席会议制度，成立了由政府有关部门牵头，人民银行、有关金融机构以及其他相关部门组成的金融扶贫工作领导小组，并根据各金融机构自身服务优势和市场定位，科学合理分配工作任务，

林西镇冬不冷村的草莓到了采摘期

明确各自职责，最大限度保护和调动成员单位扶贫开发积极性。

县扶贫办多次与中国农业银行林西支行、中国邮政储蓄银行林西支行等多家金融机构商讨推进金融扶贫，细化分解脱贫攻坚任务，推动金融服务精准对接“五个一批”，依据建档立卡的贫困户需求，促进产业发展，引导金融资源向贫困村、贫困人口聚集。县金融部门将建档立卡贫困人口纳入扶贫帮扶的重点对象，采用信贷融资与服务融智相结合的方式，专门为贫困户量身定制信贷产品——“扶贫贷”，实行“精准扶贫、一户一策”，开辟“绿色信贷通道”。

同时，林西县还结合地区实际，制定金融扶贫考核办法，通过采取定性与定量相结合的办法，对各乡镇金融扶贫工作的推荐量、发放量、准确率、贫困户覆盖率进行考核评价，并强化考核评价结果的运用。将工程推进、贷款管理和风险防控目标纳入乡镇政府业绩考核范围，落实目标化管理，确保贷款用于扶贫产业的发展，对贷款项目事项实行全程监管。适度提高扶贫贷款不良率容忍度，鼓励金融机构开办扶贫贷款业务和发放扶贫贷款。金融机构建立并实行扶贫贷款尽职免责制度，努力消除信贷人员惜贷、惧贷心理。

为发挥扶贫龙头企业、农民合作社等农牧业经营主体在产业扶贫中的带动作用，林西县制定了金融扶贫“强龙贷”工程实施方案，利用市县两级财政扶贫资金作为履约风险保证金，采取杠杆撬动、保险公司担保的方式，为龙头企业等农牧业经营主体提供扶贫贷款支持。制定出台《林西县“十三五”农牧业“5531”工程和脱贫产业扶持政策》，对产业发展给予财政奖补和金融扶持。

林西县积极探索“政府 + 银行 + 农户”的“2+1”扶贫模式，由政府向农业银行注入风险补偿金，再由农业银行向农户家庭内单个成员发放自然人贷款，用以支持农户从事农、林、牧等农业生产经营活动，以惠农卡为载体进行贷款发放、本息归还和贴息资金拨付，全面落实“富农贷”贫困户全覆盖。贷款由内蒙古自治区财政扶贫资金贴息，其中“金融扶贫富民贷”贷

林西镇黄河子村火龙果长势喜人

为贫困户发放产业基金

款年贴息率为5%，“金融扶贫产业贷”贷款年贴息率为3%。贷款贴息期限与贷款期限一致。原则上每年贴息一次；不足一年的，以实际贷款期限为准。

目前，林西县累计发放金融扶贫富民工程“富农贷”贷款8.42亿元，受益建档立卡贫困户12613户次，覆盖103个行政村，2014年至2016年核定金融扶贫富民工程“富农贷”贴息总户数2617户，贴息总额度598.86万元。

创新金融扶贫模式。林西县积极与金融机构合作，放大财政资金使用，降低信贷门槛，探索“政府+银行+龙头企业（合作社）+贫困户”的“3+1”扶贫模式。积极与邮储银行进行合作，县财政投资100万元，设立合作社扶贫专项贷款1000万元，扶持27家合作社，带动378户735名贫困人口发展产业。

林西县“金融扶贫工程”的设立，正如一泓源头活水，为全县有意愿发展和壮大脱贫致富产业的贫困人口，注入了脱贫的可持续动力。

新林镇五星村恒光大黄芪种植基地

新林镇太平村养殖致富能手王艳红养殖肉羊带动贫困户脱贫致富

政策链接

金融扶贫政策

一、“金穗富农贷”

“金穗富农贷”是指农业银行为支持57个贫困旗县农牧户脱贫致富、发展生产，对农户家庭内单个成员发放的自然人贷款。每个农牧户只能由一名家庭成员申请“金穗富农贷”。

1.“金穗富农贷”用途：用于农牧户从事农牧业生产经营的融资需求，不得用于农牧业生产经营之外的用途。主要包括：

（1）从事农、林、牧、渔等农业生产经营活动。

（2）在农业产业链上从事生产经营活动，包括购买、加工、销售生产经营物资，承包、租赁土地，修建、购买、租赁生产经营场所及设施等。

（3）专业大户和家庭农场从事生产经营活动，包括购买农业生产资料、购置农机具，从事农田水利、大棚等基础设施维修等。

2.金融扶贫富民工程贷款贴息：“金融扶贫富民贷款”由内蒙古自治区财政扶贫资金贴息，其中，“金融扶贫富民贷”贷款年贴息率为5%，“金融扶贫产业贷”贷款年贴息率为3%。贷款贴息期限与贷款期限一致。原则上每年贴息一次；不足一年的，以实际贷款期限为准。

二、“强龙贷”

赤峰市金融扶贫“强龙贷”工程（简称“强龙贷”），是赤峰市人民政府发起，由市县两级扶贫办、赤峰市扶贫开发投资有限公司与中国银行赤峰分行、赤峰鸿德农牧业担保有限责任公司合作，在赤峰市范围内开展的专门针对新型经营主体进行贷款的金融产品，充分发挥新型农牧业经营主体在产业发展中对贫困户的带动作用。“强龙贷”实施期限为3年，周转使用。

1.“强龙贷”贷款对象：主要面向带动贫困户发展生产并与贫困户建立紧密利益连接机制的扶贫龙头企业、涉农小微企业、农牧民合作社、家庭农牧场、种养大户等新型农牧业经营主体，原则上已获得金融扶贫富民工程“富农贷”的企业除外。

2.“强龙贷”贷款期限：贷款为流动资金贷款，期限为1年。在贷款到期并归还贷款后，可再申请续贷，每次续贷期限不超过1年。

3.“强龙贷”贷款额度：贷款额度与带动贫困人口脱贫数挂钩，原则上每带动1个贫困人口脱贫，按照5万—10万元的标准为借款人提供“强龙贷”工程贷款（单笔最高不得超过800万元）。具体贷款额度由中国银行赤峰分行根据借款人实际经营需求、销售规模等确定。

要有序推进易地搬迁扶贫，让搬迁群众搬得出、留得下、能致富，真正融入新的生活环境。

——习近平《在中央农村工作会议上的讲话》

（2017年12月28日）

第四节　易地搬迁搬出新生活

移民搬迁前不想搬，移民搬迁后不想走，贫困户的这一思想变化，反映了林西县配套产业建设在易地扶贫搬迁中的支撑作用。易地扶贫搬迁，不是简单给贫困户盖房子，而是进行生产、生活一体化设计，力求达到宜居宜业的目标。林西县因地制宜地在迁入区发展产业，宜种则种、宜养则养、宜游则游。在易地扶贫搬迁中，林西县将移民人口进行了细分，对有劳动能力的贫困户，采取建移民新村配套产业的办法，以“易地扶贫搬迁＋设施农业”“易地扶贫搬迁＋养殖”“易地扶贫搬迁＋旅游”等方式，为移民新村量身订制配套产业。对没有劳动能力的老年人，则采取了“幸福互助院＋光伏”的模式，让老年人坐在炕上就能有发电的收入，这种因人而异的移民搬迁更具精准性，更加人性化。

在迁入区选择和迁入人口准入上，林西县的做法有许多可圈可点之处。县里坚持“五不选”“六靠拢”原则。“五不选”就是有地质灾害隐患不选、无发展后劲不选、基础设施改善难不选、就医上学难不选、群众不满意不选；“六靠拢”就是向旅游环线靠拢、向产业带靠拢、向产业园区靠拢、向中心城区靠拢、向小城镇靠拢、向中心村庄靠拢。在迁入人口准入上，严格走好“一表两票三关四书”程序，做到公平、合理、有序，阳光操作，群众认可。

■ 故事一：搬出山旮旯　换个新活法

林西县有建档立卡贫困人口 20319 人，其中有近 1/5 的贫困人口生活在“一方水土养不起一方人”的贫困地区。这些地区群众出行难、用电难、吃水难、上学难、看病难的现象普遍存在，就地脱贫发展无望，增收渠道不畅，传统扶贫手段难以奏效。为了使这部分人彻底摆脱贫困，林西县扎实推进易地扶贫搬迁工作，统筹谋划、多方施策，下活了易地扶贫搬迁这盘棋，

十二吐乡幸福互助院

官地镇龙头山幸福互助院

使众多贫困群众搬出了大山，过上了幸福生活，实现了安居致富梦。

林西县委、县政府把易地扶贫搬迁工程作为重点民生工程专项推进。2016—2018年，林西县共实施易地扶贫搬迁2000户4671人，其中建档立卡贫困人口1875户4083人。新建集中安置区61处，人均住房面积22.5平方米。

“我们现在住的房子，跟城里人住的楼房没啥两样，屋内不但有抽水马桶，就连冬天也是集体供暖，一年交一千多块钱的取暖费，屋顶的太阳能分红就差不多够了，老伴儿现在做饭全部是电气化。有些外地人来参观，说我们住的是花园别墅，夸我们这儿空气清新、环境优美、民风淳朴。”韩瑞森乐呵呵地说。

苏泗汰移民新村

60 岁的韩瑞森是十二吐乡西山根村的建档立卡贫困户，老伴身体不好，看病花掉了家里的全部积蓄，原来住的土房已经 30 多年，由于年久失修，破旧不堪，冬天透风，夏天漏雨。2016 年，十二吐乡在西山根村实施易地扶贫搬迁项目，韩瑞森一家成为享受该项目的一分子。

“政府给建的冷棚，我都包给双赢合作社了，一年 3000 块钱，我们老两口在这打工每天还能挣 100 块钱，我这日子还愁啥?”统部镇曹家屯村的薛兰成难掩心中的激动。

薛兰成口中提到的“冷棚”，是 2017 年统部镇建设的三道沟移民新村的配套产业。三道沟移民新村共安置建档立卡贫困人口 45 人，按照每个贫困人口建设 1 栋冷棚的标准，三道沟移民新村共建设配套设施冷棚 45 栋。

“当时政府干部到我家动员我搬迁，我和老伴还有点舍不得我家那点山坡地。那些干部告诉我，搬了之后不用愁，家家户户都有活干，没想到真是这样，住进了新房，又搞起了新产业，那不比种地挣钱多得多了!”薛兰成美滋滋地对大家说。

易地扶贫搬迁的城南街道新村

易地扶贫搬迁的五十家子镇头道湾子产业园区

为有效改变住进新房依旧受穷甚至更“穷”的尴尬现状，在工作推进中，先选定产业，锁定搬迁人口，让群众感觉到搬迁就是挪穷窝，搬出来真能稳得住，真能致富。针对无劳动能力贫困户，推行“易地扶贫搬迁+光伏”模式。完成光伏备案2.35兆瓦、安装2.35兆瓦，2291名建档立卡贫困人口受益，年人均增收1612元。

扫描二维码收听《赤峰市林西县实施“易地搬迁+设施农业”“易地搬迁+养殖业”脱贫模式，使得贫困户安家有方、致富有道》

针对有劳动能力、缺少资金或技术的贫困户，推行“易地扶贫搬迁+产业园区”模式。针对有劳动能力和种植养殖经验，但缺乏资金和市场的贫困户，推行“易地扶贫搬迁+设施农业（或肉牛养殖）”模式。建设设施农业安置区13处，安置342户689名建档立卡贫困人口受益，年人均增收3466元。

■故事二：互助幸福院　托起夕阳红

“新郎张金树、新娘周彩云结婚典礼现在开始！”2018年4月11日上午11时许，统部镇曹家屯村幸福互助院里沸腾了，主持人话音刚落，霎时院里鞭炮欢鸣、掌声不断。在邻里乡亲们的簇拥下，69岁的新郎张金树手挽着68岁的新娘周彩云来到院中央，举行幸福院建成以来的第一个“夕阳婚礼”。年近古稀的两位“新人”，脸上一直挂着幸福的笑容，接受着大家的祝福。

2017年9月，张金树和周彩云先后搬进幸福互助院，成为首批院民。入院不久，他们发现院里69岁的孤寡老人胡景斌生活非常艰难。患有脑血栓的胡景斌行动不便，有时连饭都吃不上，更别说生炉子取暖了，冬天屋里冷得像冰窖。互不相识的张金树和周彩云，都见不得别人受苦，俩人就分工

统部镇曹家屯村幸福互助院里的幸福老人

统部镇曹家屯村为入住幸福互助院的张金树、周彩云两位老人举办“夕阳婚礼”

照料起胡景斌的饮食起居，张金树负责烧炕，周彩云负责做饭、送饭。

在他们的精心照顾下，胡景斌老人病情日见好转。在一起照顾胡老汉的日子里，张金树、周彩云互相被对方的勤劳、善良所打动，久而久之，互生好感。于是，他俩决定抛开世俗偏见，挽手共度晚年。得知两位老人的想法后，镇村干部和院里的老人们都为他们高兴，主动做通双方儿女的思想工作，帮着他们操办婚事，于是幸福院里就有了这场温馨的婚礼。

“过去日子穷，没想过再找个老伴儿，现在生活好了，就想再成个家！”张金树老人感谢政府让他搬进了幸福院，“现在免费住着 40 平方米的房子，屋里还有卫生间，和城里的楼房没啥两样！”更让张金树高兴的是，政府还

十二吐乡西山根村贫困户喜迁幸福院

十二吐乡西山根村幸福互助院的快乐老人们

在每户的屋顶上安了光伏发电板，院民们每人每年都能有1600元左右的发电收入。如今在统部镇的14个村，每个村都有一个这样的幸福互助院。

“老人今后有伴儿了，我们做儿女的也安心了！”看到两位老人喜结良缘，张金树的闺女张海芹激动得眼圈发红，“两位老人成立了一个小家，可全院的30多位老人组成的又是一个大家庭，是政府建的幸福院，让老人们的晚年都换了一个新活法！在这里，他们有住房，有收入，更有互帮互助的情义！”

2016年，林西县开始探索“幸福互助院+光伏养老”的扶贫新模式。县里按照“集中居住、分户生活、统一管理、互帮互助”的方式和“产权归公、免费入住、进退有序、滚动周转”的原则，在贫困户集中的村子建起幸福互助院，优先让鳏寡孤独、老弱病残、留守老人等困难群众入住。这种特困人员集中供养的方式，为每户老人分配30—60平方米的住房，厨房和卫生间装修得和城里的楼房一样好，还配了各种家具，不用自己张罗，拎着笤帚上炕即可。目前，全县已建幸福互助院52处，安置贫困人口999户1588人。

住在十二吐乡幸福互助院的刘树青掰起手指算了一笔账：“我们互助院有50户贫困户，安装屋顶光伏62.5千瓦，并网发电后每度电能收益0.88元。这些太阳能板一年下来，能发10.625万度电，一年总收益就能达到9.35万元，户均每年可增加收入1870元。”2019年80多岁的贫困户步云成说，2018年8月他家住进了这幸福互助院，自家没花一分钱不说，没想到屋顶还能“产钱增收”。有了这一项稳定收入，一年的生活费基本就够了。

目前，林西县光伏扶贫项目总投资额已达到2569万元，其中建成并投入使用的分布式光伏扶贫工程30处，发电总容量达到1.85兆瓦，有1965名贫困人口受益，将连续20年年人均收入1000元以上。启动实施16兆瓦集中式光伏扶贫工程，受益贫困人口851人，年人均收入3000元。从“光伏养老模式”到“光伏农牧业模式”，林西县光伏扶贫的路子越走越亮堂。

要深入实施健康扶贫工程，提高贫困地区医疗卫生服务能力，做到精确到户、精准到人、精准到病，通过加强人才培养、对口支援等形式提高当地卫生服务能力，保障贫困人口健康。

——习近平《在全国卫生与健康大会上的讲话》

（2016 年 8 月 19 日）

第五节　健康扶贫治病根拔穷根

林西县全面贯彻习近平新时代中国特色社会主义思想，把健康扶贫当成一项重大的民生工程来抓，全县医务工作者和扶贫干部从思想上树立全心全意为贫困患者服务的理念，从根本上认识到健康扶贫在打赢脱贫攻坚战乃至全面建成小康社会中的重要作用，为实施健康扶贫提供可持续的力量源泉。

在政策制定上，林西县合理谋划，科学定策，加大投入，创造性出台“1351”健康扶贫政策，基本实现了“小病在乡村、大病不出县、康复回基层”的就医格局，县域内就诊率达到 90% 以上。林西县医疗机构同时与北京安贞医院、北京儿童医院、空军总医院和上海交大第九附属医院等 10 家医疗机构开展定点合作，实行专家驻点、远程诊治，诊疗水平大大提高，转诊比例持续降低，为健康扶贫奠定了坚实基础。

林西县建立了以城乡基本医疗保险和大病救助为基础、商业保险和个人

林西县医院

健康扶贫一站式服务窗口

支付为补充、脱贫医疗保障基金来兜底的“三位一体”医疗救治体系，其中，脱贫医疗保障基金整合了民政医疗救助资金、京蒙帮扶、银河证券等社会帮扶资金，每年可整合资金2000余万元，存在的缺口部分，由县财政补足，基本满足兜底需求，保证了健康扶贫的可持续性。

林西县“1351”健康扶贫工程的实施大大提高了全县的医疗保障水平，补齐了贫困人口就医保障的短板，其发挥的经济效益和社会效益影响深远，其挽救的不止是一个人，而是一个个濒临破碎的家庭，是一代甚至几代人对美好生活的希望。

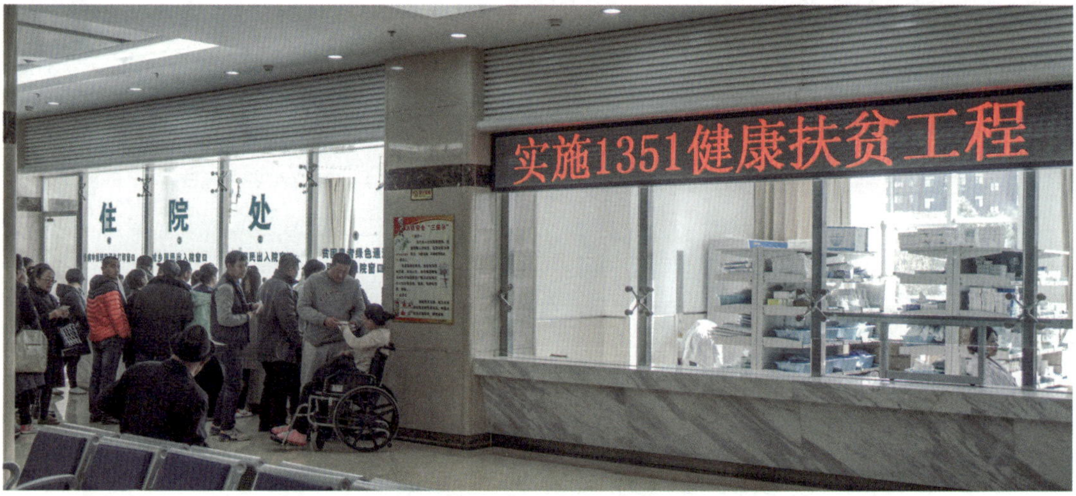

林西县医院“1351”健康扶贫窗口

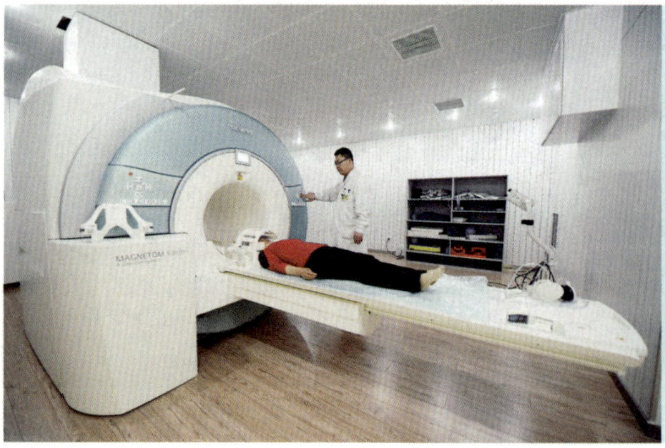
贫困患者接受西门子3.0核磁检查

■故事一：三千元钱治大病

县医院为贫困患者进行会诊

"小病拖成大病，大病无兜底，慢病不常治……"在医疗卫生保障体系尚未完善之时，这种"进不起医院门、有病不敢看"的状况，曾发生在一些贫困群众身上。因为穷，看不起病；因为病，使他们更穷。

如今，在健康扶贫的国家行动中，这种状况正在迅速得到改善。林西县实施的健康扶贫"1351"工程等一些创新举措和服务机制，很好地解决了贫困人口看病难、看病贵的问题，给老百姓带来实惠，带来健康，带来脱贫致富奔小康的希望和勇气。

健康扶贫政策宣讲和健康知识讲座

2018 年 4 月的一天，在林西县医院的骨科病房里，65 岁的马国德坐在病床上，摸着自己的大腿，笑着说，他是大营子乡前地村人，得了重度膝关节炎，刚做完双腿膝关节手术，现在腿一点儿也不疼了。他还说，老伴儿做了单腿膝关节手术，早就出院了，才花了 3000 元钱。

站在一旁的健康扶贫办公室主任慈志勇介绍说，像马国德这样的建档立卡贫困户，大病重病医疗费个人自付 10%，3000 元封顶，超过部分由政府承担。

马国德说，自己这病挺了十多年了，现在有了这个好政策才做手术，自

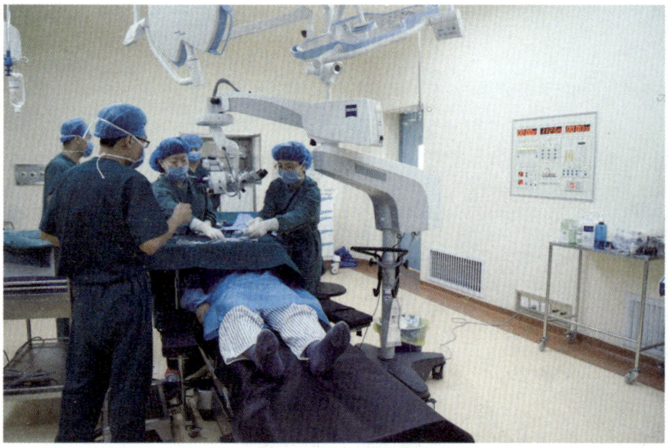

建档立卡贫困患者接受手术治疗

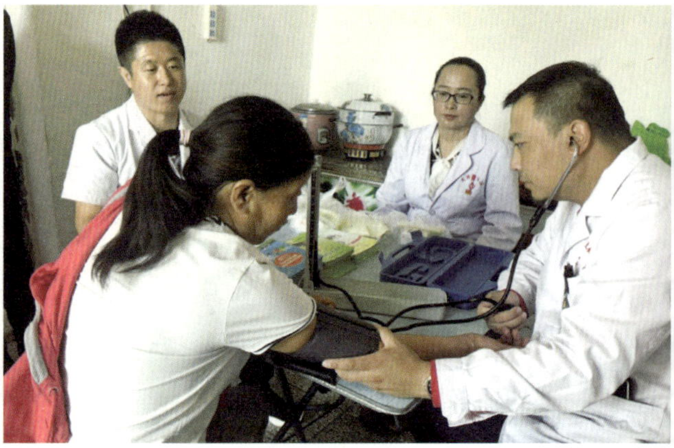

大井镇签约医生服务队为贫困患者定期随访

打住进医院，一分钱还没掏呢。入院时，拿上身份证，到“一站式”服务窗口核实身份。如果是贫困人口，直接开通绿色通道，不用交押金直接住院。出院时，五步同频结算，自己掏10%就行了。如果这10%超过3000元，只掏3000元就算完事。

对于“一站式”服务窗口、五步同频，慈志勇进一步解释说，就是一个窗口解决五个问题，一是基本医疗保险，二是大病保险，三是商业保险赔付，四是民政和社会救助，五是脱贫医疗保障基金兜底。

像马国德夫妇这样做了三个关节的手术，医疗费就得十二三万元，这对贫困户来说就是天文数字。难怪马国德激动地说：“过去说共产党像太阳，现在我要说共产党像爹娘。”

林西镇黄河子三组村民建档立卡贫困户于凤霞因患脑梗引起心律失常在林西县医院住院治疗，出院后，医药费用共计9497元，自己只花了949.7元，剩余的8547.3元全部报销。经济负担减轻了许多，避免了全家因病返贫的窘境。于大娘激动地说：“现在好了，住院也不用交押金，还给报销药费，真是做梦都不敢想的大好事啊！”

自2017年1月1日起，林西县对建档立卡贫困人口实施了“精准筛查、精准治疗、慢病补偿、大病兜底”的“1351”健康扶贫工程。其中“1”“3”

是因病住院个人自付费用不超过政策内总费用 10%，单次或年累计不超过 3000 元；“5”是把建档立卡贫困人口 42 种慢性病纳入门诊补偿，个人自付 5%；“1”是实行“一站式”服务，开通绿色通道，住院不用交押金，出院时只需结算个人应付部分。在“1351”健康扶贫工程推进过程中，林西县政府出资 1000 万元，建立建档立卡贫困人口脱贫医疗保障资金，每年为他们进行一次免费健康体检，贫困人口参加城乡居民医疗保险个人缴费部分由政府全额补贴，对住院患者实行兜底保障。

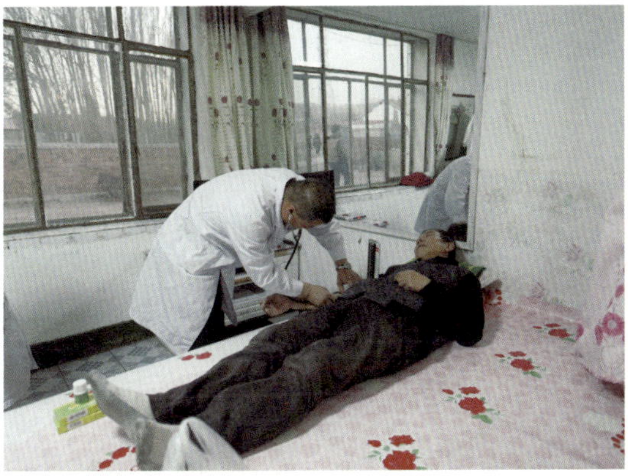

统部镇统部村村医上门为贫困户进行体检

2019 年 8 月 1 日，林西县根据国家“两不愁三保障”的总体安排部署，结合目前林西县脱贫攻坚工作实际和上级的工作要求，适时将“1351”健康扶贫政策调整为“12345”工作法，在全面奔向小康的路上，更好地为广大群众获得健康保驾护航。

■ 故事二：慢性病吃药有保障

大病如此，慢性病又怎样呢？“现在这社会，国家政策就是好，要不然的话，我这个老病婆子早完了。花 5 块钱能买 100 块钱的药，解决了我这心脏病、高血压吃药的大难题。”在林西镇冬不冷村，67 岁的李青云手里提着一个小药箱激动地说。

李青云的老伴席景玉比她大 1 岁，老人因患有深静脉血栓完全失去劳动能力，加之李青云也因做过心脏支架手术、患有高血压等疾病，每天都要靠药物支撑，本来拮据的日子更是雪上加霜。正当老两口为没钱买药而发愁的时候，冬不冷村的驻村扶贫干部找上门来，告诉他们林西县“1351”健康扶贫工程试点工作在林西县医院开始实行，他们的情况符合“1351”工程中的

"5"，以后这种慢性病门诊买药只需支付5%的医药费。喜出望外的老两口激动得热泪盈眶，当月，他们就享受到了新政策带来的实惠。

"6月20日第一次买药总计145元，交了7.25元，7月10日第二次买药425元，花了21.25元，两个月买药总计花了28.50元，我们买药几乎没花钱。"席景玉激动地拿出了两个月买药的单子，嘴里还不停地念叨着："这个政策真是及时雨，真是救命的政策啊！"

据了解，林西县建档立卡贫困人口中因病致贫的有9106人，占贫困人口总数的45.4%。2018年之前，这部分人的医疗保障只能通过新型农村合作医疗、城乡居民医保、大病保险、大病救助等方式解决，实际报销比例为60%—70%。

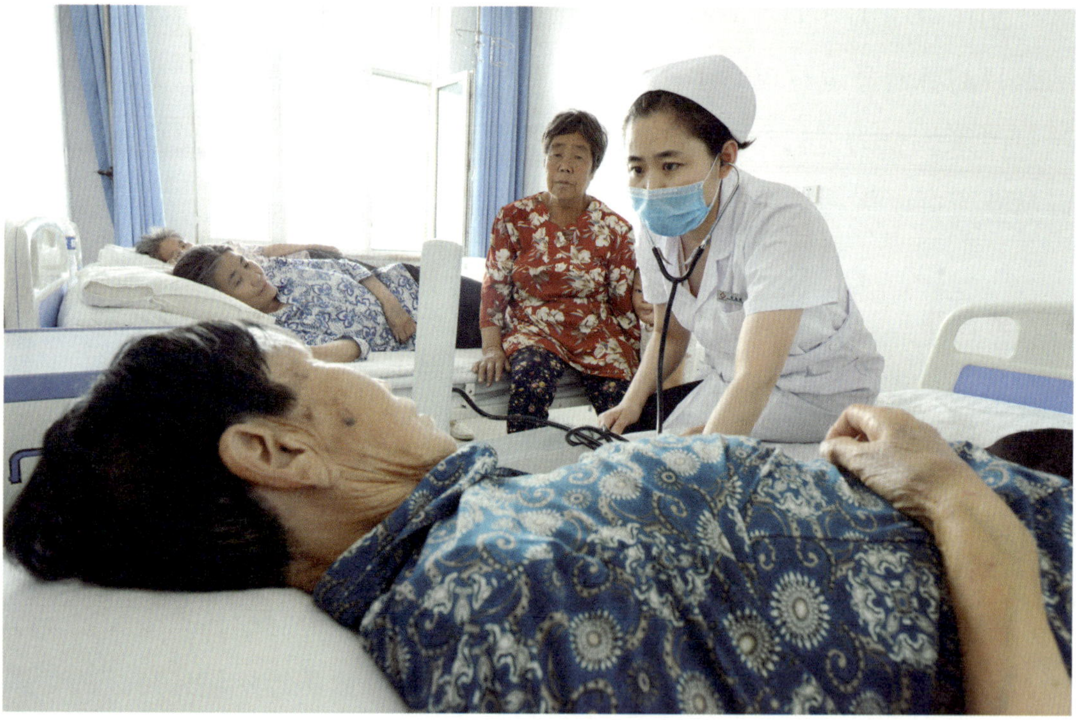

县医院医护人员精心护理贫困患者

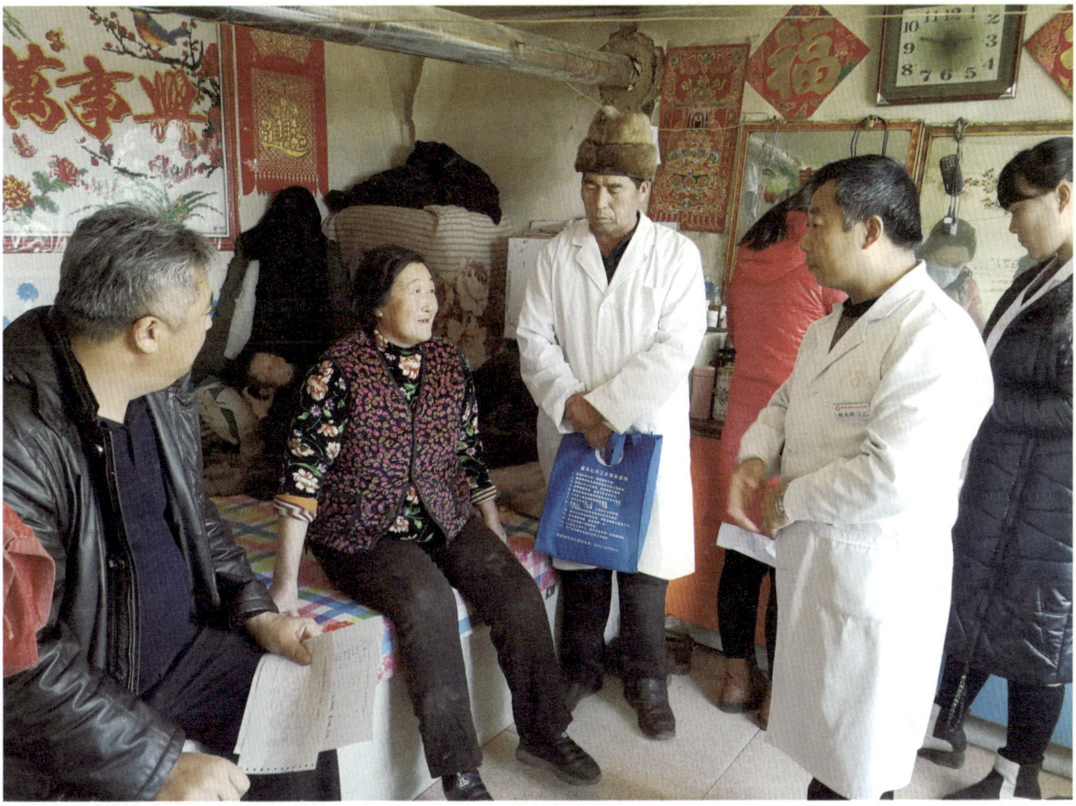

新林镇卫生院及乡村医生到贫困户家中送医送药

■故事三：医生上门来服务

享受“1351”健康扶贫政策占比最大的，是在家接受乡村医生签约服务的贫困户。统部镇统部村郭义是村里的建档立卡贫困户，近两年最让他满意的事，是统部镇中心卫生院、镇防保站和乡村医生张伟按时给他体检、送药。郭义患有冠心病、高血压等多种慢性疾病，张伟是他的签约医生，每次到他家里来，都给他测血压、问病情，仔细询问最近一个月的用药情况，并且给他开下一个月的药。郭义一个月的药费大约是100元钱，按照政策，他只需要支付其中的5%，也就是5元。郭义说：“这真是对症下药，原来没钱看病，就吃点普通的降压药，效果不好。现在有好政策，医生上门看病，开的药非常管事又省钱，真是帮了我大忙了。”

2018年，林西县“1351”健康扶贫工程共救治大病贫困患者637人次，救治大病、重病住院贫困患者14747人次，总费用1.3486亿元，医保统筹、脱贫医疗保障基金兜底、商业保险等政策范围内综合实际报销比为90.01%。慢性病送医送药44889人次，总费用264.44万元，医保统筹、脱贫医疗保障基金兜底支付实际报销比为95%，兜底资金合计2946.38万元。

林西县通过推行分级诊疗，对全部建档立卡贫困人口实行签约医生、家庭服务全覆盖，根据贫困户的健康信息，确定治疗方式。严把资金使用关，卫生、医保等部门加强监督管理，实施单病种限费和162种临床路径（其中住院治疗132种、慢性病30种）。建立大病、慢性病脱贫医疗保障基金，撬动商业保险、大病保险，并利用民政及社会救助，将共计1600万元的帮扶资金、产业基金收益和部分财政预算充实到健康扶贫资金池中。

林西县自健康扶贫工程实施以来，取得了丰硕的成果，充分地遏制住了群众因病致贫、因病返贫的势头，取得了显著的经济效益和社会效益，但保障人民群众生命健康的工作永远在路上，他们仍在前行中不断探索和完善，在奔向小康的道路上不让一个人因为疾病掉队。

医护人员深入乡村免费为贫困患者体检

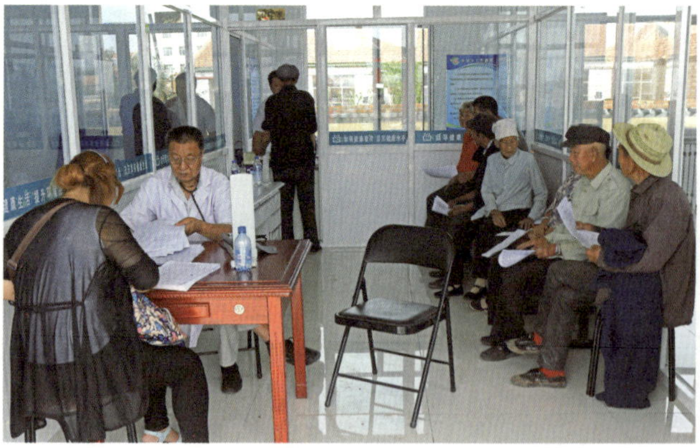

乡村卫生室为贫困患者进行诊疗

要激发贫困人口内生动力，把扶贫和扶志、扶智结合起来，把救急纾困和内生脱贫结合起来，把发展短平快项目和培育特色产业结合起来，变输血为造血，实现可持续稳固脱贫。要加强贫困地区移风易俗工作，促进形成文明健康的生活方式。

——习近平《在中央经济工作会议上的讲话》

（2017年12月18日）

第六节　志智双扶激发贫困群众内生动力

授人以鱼不如授人以渔。扶贫不是养懒汉。林西县实施“孝扶共助”扶贫工程、成立扶贫爱心超市、开展贫困群众技能培训、设置公益岗位、成立扶贫理事会，有效激发贫困户内生动力，在“志智双扶”方面总结出了一套行之有效的做法。

■故事一：“志智双扶”铺就致富路

“两个不愁三保障，精准脱贫拔穷根，老有所养国兜底，病有所医惠万民……”在官地镇下官地村文化广场举行的新时代文明实践主题活动中，老党员曹玉良上台动情地朗诵了自编诗词《点赞·精准扶贫》。

“自从村里搞了脱贫攻坚，变化可大了！扶贫工作队的同志们经常来我家问情况、讲政策，想方设法帮我家解决实际困难。”曹老激动地说，“看着这些变化，老百姓都打心眼儿里高兴，那些平日好吃懒做的懒汉也都想着法地脱贫致富了。”

林西县大力提倡劳有所获、多劳多得，采取生产奖补、劳务补助等方式，鼓励引导贫困人口通过主动参与生产经营、就业打工、家门口公益岗位安置、土地农机具资产入股等形式获得稳定收入。

七合堂党员技术能人正在给果树剪枝

扫描二维码观看
《林西县："志""智"双扶·增强脱贫内生动力》

■故事二：争当贫困户　不如实干来致富

当清晨的第一缕阳光洒落在静静流淌的嘎斯汰河上时，一阵阵悠扬悦耳的音乐响彻在林西县林西镇黄河子村。“王麻子广播站现在开始播音……”

“王麻子”名叫王广和，是一位有着 30 多年党龄的农民党员。王麻子广播站是一个家庭广播站，始建于 1968 年，曾在传播国家大政方针和服务农民方面发挥了重要作用，是许多林西人记忆中的“时代传奇”。为了让党的方针政策更好地走进基层、服务群众，2017 年 6 月，一度失音的“大喇叭”再次在黄河子村上空响起。广播站针对不同时期、不同主题设立不同板块，结合镇情村情，用拉家常、讲故事的方式，用贴近群众、贴近实际的大白话、大实话，每天分两个时段宣讲党的方针政策，把最新的惠民政策送到各家各户、田间地头。通过搭建“王麻子广播站”等平台，转变贫困群众“等靠要”思想，进一步激发了贫困群众内生动力，使贫困群众由“要我脱贫”向“我要脱贫”转变。

如今，以“王麻子广播站”为基础的宣传形式已成为黄河子村基层文化建设的新阵地，不仅使村民及时了解了党和政府的惠民政策，而且还改变了村民的生活观念，农闲之余玩麻将、打扑克的人少了，聚到一起谈论如何发家致富的人多了，村里的风气越来越好了。

“争当贫困户，不如实干来致富。”建档立卡贫困户温树林老人常挂在嘴边的这句话，成了他自强不息、激发内生动力、脱贫致富的“座右铭”。

统部镇敖包河五村68岁的温树林老人和妻子勤俭持家、生活富裕在村里是出了名的，可一场大病让他们的努力瞬间付之东流。2015年，温树林检查出胸膜炎、肺积水和肺结核，为了治病，家里花掉了所有积蓄，日子陷入窘境，老人精神萎靡、日渐消沉。

村里了解到他的情况后，把他列为建档立卡贫困户，帮扶干部主动上门为他宣讲脱贫政策、出谋划策，帮他树立战胜疾病、发家致富的勇气和信心。2016年，大家帮助他筹措资金买了8头母牛，在他的精心饲养下，没两年就发展到15头。2017年春，建档立卡户动态调整时，温树林主动提出退出贫困户行列，他说：“国家的政策真的很好，可没有自己的努力也是不行的，我不能再占着这个名额了，把党的好政策让给那些更需要的人吧！”

新林镇新合村“妇女之家”手工制作工艺品

■故事三：奖勤罚懒的“爱心超市”

如果不是招牌上写着“爱心超市”，走进这里看见琳琅满目的生活用品，你不会感觉到它的独特之处。从商品种类上来说，米面粮油、锅碗瓢盆、服装鞋帽等各种生活用品应有尽有。但它的结算方式却很独特，就是必须用积分换取商品，这个特殊的场所就是专门为贫困户开办的“爱心超市”。

为凝聚脱贫致富正能量，做到“扶贫”与“扶志”相结合，林西县创新扶贫形式，充分整合社会帮扶资源，成立扶贫爱心超市，引导群众用双手挣取积分兑换商品，激发群众致富热情，实现扶贫与扶志并行。

“我刚从爱心超市兑换了一袋面和两件衣服，一分钱没花，都是用积分换的！”河沿村贫困户李青红开心地说，“我今年发展‘小养殖’养了50只鸡和1头猪，发展‘小田园’种了黄瓜、西红柿、豆角，庭院卫生我也是数一数二的，村里的环境卫生我也带头维护，通过劳动的方式获得积分，我们花起来心里也敞亮！”

贫困户在爱心超市用积分兑换物品

■故事四：上了公益岗　摘了贫困帽

“金鸡落户咱村庄，贫困户有了公益岗，农村变得干净又漂亮。”这是十二吐乡农民们传唱的佳话。2017 年以来，十二吐乡积极与企业、贫困户建立联结机制，由村扶贫理事会结合实际设置治安巡逻、环境保洁、困难群众护理、群众纠纷调解、扶贫政策宣传、生活用水管护、护林、护草、信息员岗等公益性岗位，让贫困户找到了存在感、获得感和幸福感。

贫困户王俭老两口 60 多岁，因病致贫，村里为王俭安排了一个卫生保洁公益岗位，每季度 500 元的收入让老两口非常满足。“我们年纪大了，外出打工没人敢用，自从有了这份工作，在家门口就有了一份固定收入，我们是真知足了。”王俭的老伴说。

环境卫生清理已经成为十二吐乡人的自觉行动

十二吐乡幸福互助院设置的公益岗位

■故事五：小理事　大作用

为了更好地激发贫困人口内生动力，坚持扶贫先扶志的原则，十二吐乡在全县率先成立扶贫理事会，负责村内公益岗位的设立、补助标准、工作效率评定。该评定是按照“三定三评”的原则，“三定”即定岗、定责、定期，“三评”即评比、评分、评议及基金管理办法。利用公益岗位扶贫就业资金5万元，设置幸福院管理员、环卫员、护理员、护林员、护草员、护水员、护电员、信息员、治安巡逻员、纠纷调解员、扶贫政策宣传员、司炉工等共12类公益岗位，按照多劳多得、优劳优酬的原则发放岗位报酬，根据岗效实绩，人均年工资为500元—3000元不等。同时，安排1万元用于奖励和救济资金，投入4万元用于壮大集体经济，实现易地扶贫搬迁户搬得出、稳得住、有产业、有收入，事有人管、人有事干的搬迁要求。

林西县脱贫救助基金资助贫困学生助学金发放仪式

■ 故事六：搭建服务平台　促进创业就业

“感谢北京丰台区给我们建的这个创业服务中心，在这里我学到了一技之长，重新找到了生活下去的信心，现在已经接了 4 个单了，赚了 12000 多元。”赵玉杰的感激之情溢于言表。

今年 49 岁的赵玉杰是林西县建档立卡贫困户，丈夫患帕金森综合征常年卧病在床，两个孩子正在读书，生活的重担全部落在了赵玉杰身上。由于没有一技之长，赵玉杰几次找工作都碰了壁，只能靠打零工和拾荒维持生计。

2017 年，北京市丰台区出资 400 万元援建了林西县贫困人口就业创业服务中心，成立“北京市丰台区赤峰市林西县扶贫协作劳务实训基地”，通过积极引进培训、创业创新机构，开展就业工作专项行动，为全县 4840 名有劳动能力的建档立卡贫困人口免费提供就业创业培训。赵玉杰作为其中一员，参加了衡惠无忧职业技能培训班并顺利结业。

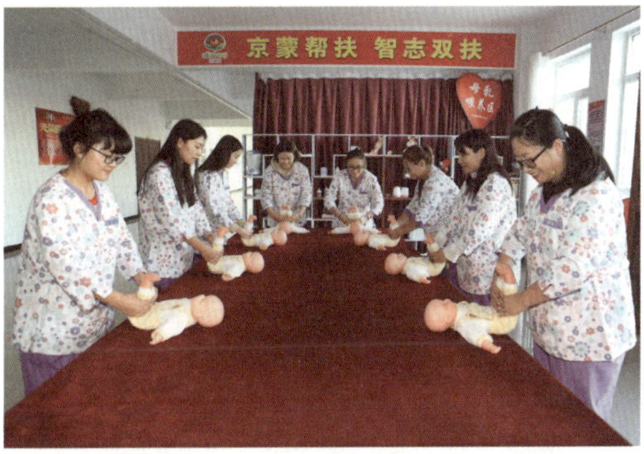

林西县贫困人口就业创业中心培训月嫂

2017 年 6 月 17 日，在领到育婴师证的当天，赵玉杰就接了一个月薪 6800 元的“大单”，突如其来的喜事让赵玉杰流下了激动的泪水。这只是丰台区对口帮扶林西人才培训工作的一个缩影。和赵玉杰一样，徐海霞等 223 人也都通过贫困人口就业培训实现了一人就业、全家脱贫的梦想。

林西县贫困人口就业创业服务中心的招聘会

林西县贫困人口就业创业服务中心是 2017 年京蒙对口帮扶项目，也是赤峰市首家“贫困人口就业创业服务中心”，总投资 1447.3 万元。该中心引

求职者与用人单位达成录用意向

进北京、山东等地4家企业，开展家政培训、劳务中介、数字创意产业服务，可提供稳定就业岗位500个以上，每年实施技能培训1000人以上，为贫困劳动力提供各种就业创业服务10000人次以上。截至2018年底，全县各类劳动力转移36365人，其中，就地就近转移就业18110人。组织大型招聘会3场，实现就业180人，培训贫困劳动力1780人次。引进劳务中介机构3家，建档立卡贫困劳动力转移就业355人。同时，构建由相关部门、社会团体、电商龙头企业为主体的电商扶贫人才培训体系，激发贫困人口想致富的愿望，增强其能致富的本领。

为促进林西县产业转型升级，加快大数据、服务外包及相关产业的发展，促进本县劳动人口就业，带动县域经济发展，进一步深化京蒙劳务合作，林西县成功引进北京贝奥兰公司入驻服务中心，成立了内蒙古京林电子商务有限公司和内蒙古林丰医药有限公司，为林西贫困家庭提供专业、个性化的健康咨询与指导。

2018年12月，林西健康大数据暨电子商务产业示范基地、内蒙古京林电子商务有限公司在贫困人口就业创业服务中心正式开业运营，中心从事健康咨询管理及数字业务，为全国各地千万个客户提供健康服务，填补了林西数字产业的空白，实现了提质扩容，成为林西县优质的就业创业示范基地和就业扶贫示范基地，为林西乃至周边地区贫困人口就业创业提供了更广阔的天地。

扫描二维码观看《林西县就业服务局：送技能到家门 助力精准脱贫》

■故事七："孝扶共助"老人上了"双保险"

针对养老责任究竟由谁承担的社会问题，林西县积极探索"孝扶共助"做法，筹集一定数额的"孝扶共助"基金，60周岁以上的建档立卡贫困人口在子女自愿参与、签订承诺书并主动认缴赡养金后可享受该政策，保证60周岁以上贫困老人每年增加1200元—2000元不等的收入，使贫困老人在生活上有了保障、精神上有了寄托，筑牢脱贫"兜底网"。

作为第一个实施"孝扶共助"工程的林西镇，以弘扬德孝文化为切入点，针对全镇60周岁以上的建档立卡贫困老人，按照子女自愿参与、主动认缴原则，采取"孝扶共助"模式，实施精准脱贫。该镇每季度从"孝扶共助"基金中提取100元进行奖扶，其子女按照享受奖扶人口数匹配认缴赡养资金。有1个子女的，每季度为父母每人认缴200元；有2—3个子女的，每季度共同为父母分别认缴300元；有4个或者4个以上子女的，每季度共同为父母分别认缴400元。

"有了儿子和闺女每季度给我和老伴儿的生活费，再加上镇里给的补助，我和老伴儿的生活更有着落了。"李友生高兴地说。林西镇河沿村李友生的两个子女和驻村工作队签订了"孝扶共助"扶贫工程承诺书后，兄妹二人各

孝扶共助·子女孝敬老人

林西镇"孝扶共助"扶贫工程启动仪式

拿出300元生活费交到父母的手里。

“孝扶共助”扶贫基金由林西镇每年通过干部捐款、企业捐资、社会捐助等方式筹资，专户管理、专款专用，使用情况及时公示。

“长辈年龄大，生活又多有不便，作为子女应该在生活上关心照顾他们。下一步，还要通过发展壮大村级集体经济，从集体经济中筹集资金，形成稳定的筹资渠道，使该基金持久发力。”林西镇党委书记任忠磊说。

■故事八：搭建干群连心桥

林西镇南门外村钱福学今年81岁，老伴80岁，4个儿子都在外地打工。在了解到孝扶共助的政策后，4个儿子都愿意参与“孝扶共助”工程，并与工作队约定时间认缴赡养资金。当他们回到家看见父母的房子改了窗户、做了防水，屋内干净明亮，又听父母说起工作队帮着办理危房改造手续、购买建材、联系施工队时，钱福学的儿子们十分感激：“真没想到扶贫政策这么好，我们不能常回家，多亏了工作队。”

■故事九：乡村遍开德孝花

来到林西镇河沿村德孝文化广场，正赶上该村举办“传家风·立家规·扬新风”主题活动，村民们穿红戴绿，随着悠扬的唢呐声，踩着欢快的鼓点，扭着喜庆的秧歌，通过“秀”歌舞、“讲”孝道、“诵”诗歌等喜闻乐见的形式，传播孝道文化，使德孝文化在群众感知领悟中得到传承弘扬。

林西镇第一届德孝文化节

行走在林西镇的大街小巷，处处都能感受到浓郁的孝善文化气息。德孝文化墙、德孝文化广场、新二十四

林西镇“德孝之星”表彰大会

孝文化长廊、德孝文化雕塑等，将德孝文化融入群众的日常生活中，使人们在劳动之余，在浓厚的德孝文化氛围中，感受到孝善文化的教育。

2018 年 10 月 17 日，林西镇以“德行天下，孝满人间”为主题，举办了首届“德孝文化节”，广泛开展家风孝道教育、孝老爱亲志愿服务、评选镇级“德孝之星”“最美家庭”等育德主题活动，结合文化唱家风、结合广播传孝道、结合评选树典型，用身边事教育身边人，营造人人重德孝、学德孝、践德孝的浓厚氛围。

最美文明花开时，立德铸魂聚人心。林西镇以社会主义核心价值观为引领，牢牢抓住“德孝文化”这一主题，下大力气抓实抓好乡风文明建设，通过一系列扎实有效的活动，把蕴藏在百姓心中的善念充分激活，把善心和善举组织起来，构建起干部行德政、群众做好事的有效平台，激发了全镇群众崇德向善的正能量，传承了中华民族的传统美德，为实施乡村振兴战略打下了坚实的思想基础。

扫描二维码观看
《林西县让贫困老人老有所养》

坚持社会动员，凝聚各方力量。脱贫攻坚，各方参与是合力。必须坚持充分发挥政府和社会两方面力量作用，构建专项扶贫、行业扶贫、社会扶贫互为补充的大扶贫格局，调动各方面积极性，引领市场、社会协同发力，形成全社会广泛参与脱贫攻坚格局。

——习近平《在打好精准脱贫攻坚战座谈会上的讲话》

（2018年2月12日）

第七节　多措并举打出脱贫攻坚“组合拳”

林西县积极探索电商、生态、教育、光伏等扶贫模式，结合京蒙帮扶，争取中化、银河证券和社会各方面的力量，打出了一套扶贫“组合拳”。2014年以来，扶贫领域累计投入各类资金40多亿元，争取京蒙、中化、银河证券公司等社会扶贫资金7154万元，县内包扶单位和干部捐助316.7万元，形成了全社会大扶贫格局。

■故事一：搭上互联网　脱贫有希望

“这几件是北京的，这个是呼市的，这个是赤峰的，咱们来过下秤。”在林西县邮政服务大厅里，大井镇漫撒沟村小笨鸡养殖户毛美琦和丈夫正忙着往外地配发土鸡蛋。自从打开网上销售渠道以来，她家的土鸡蛋销售得异常火爆。

网上销售土鸡蛋赚得盆满钵盈的毛美琦和丈夫王玉峰原来在外地打工，2013 年在国家扶贫政策的吸引下，夫妻俩回到家乡养殖小笨鸡，开始了创业之旅。没想到养鸡容易卖蛋难，靠自己跑市场每天最多只能销售几百枚鸡蛋。2017 年 8 月，他们参加了林西县商务局举办的电子商务培训班，尝试着从微信上销售鸡蛋，在线上的销售量一下翻了十几倍，漫撒沟土鸡蛋立马变成了“金蛋蛋”。

林西县电子商务孵化中心

今年，他们还牵头成立了漫撒沟养殖农民专业合作社，邀请村里的贫困户和农民加入，夫妻俩为社员提供养殖技术、鸡苗、饲料、管理和销售服务，按一户养 3000 只鸡算，社员每户年收入就能达到 6 万元左右。

电子商务公共服务

和毛美琦一样，在互联网上销售小杂粮也让十二吐乡乌兰沟村绿然种植专业合作社理事长郑国春尝到了甜头。“原来黄米面的价格是 5800 元一吨，现在我们从网上销售是 6000 元一吨，不但节省了推销这块的费用，走一车还能多卖 1600 多元钱呢。”郑国春告诉我们，原来他的小杂粮都是在家里等客商来收购，或者自己出去跑

通过电商平台进行产品推介

市场，销路不畅，费用也高。前几天他在内蒙古超然信息技术有限公司供销e家电商平台发布了销售杂粮信息，没想到一下午就接到3个订单。

郑国春所说的供销e家网站，是内蒙古超然信息技术有限公司麻溜易购电子商务平台与中华供销总社、林西供销社合作打造的全国性电商平台。为了实施精准扶贫战略，2015年，林西县联合中化集团，结合国家“互联网+”政策，与内蒙古超然信息技术有限公司、林西县商务局等单位合作，以麻溜易购电子商务平台为依托，建立了林西县电商扶贫服务中心和以便民连锁超市为龙头的乡镇电商扶贫示范店、服务站。

林西县抓住国家电子商务进农村的有利契机，结合电子商务扶贫开发，积极搭建电商网络服务平台，培育产业人才，发展龙头企业，构建覆盖城乡的电商网络体系。目前，林西县已成立县级电商扶贫服务中心1处，建成电商村级服务站103家，实现基层服务网点全覆盖。县电子商务公共服务中心引导、孵化、培训电子商务人才，鼓励大学生村官、未就业大学生和贫困村在校大学生以及致富能人开设扶贫网店、网上创业，进行农产品网上销售。免费为电子商务创业者提供办公场所，优先考虑贫困家庭子女参加电商培训，贫困户家庭成员参加培训全部免费。截至2019年1月，已举办电商培训班43期，累计培训人员4124人次，培训建档立卡贫困人口1557人。

林西县实施村级电商服务站“一拖五帮扶”，即一个服务站带动帮扶5个贫困户，通过“电商企业+贫困户”帮扶模式，累计帮扶建档立卡贫困人口962户2213人，销售特色农产品623万元，增收65万元，带动电商创业就业1249人，其中贫困人口706人。电商扶贫和新媒体网络营销，推动了农产品在线上线下的推广，不断提升其知名度和影响力。电子商务进农村，改变了农民传统的生产生活观念，让很多“养在深闺人未识”的优质农产品和特色手工艺品摆脱了封闭，走向了广阔的天地。

电子商务进农村综合培训

电子商务货物配送

■故事二：吃上生态饭　念活绿色经

将生态保护与脱贫攻坚相结合，是精准扶贫在生态功能贫困地区的必然选择，也是习近平总书记关于因贫施策理念在贫困地区的实践。林西县借助独特的“内蒙古野果”资源优势，将生态建设与扶贫开发有机结合，形成了以生态建设项目为载体、以生态林业为支撑、以经济林建设为保障、以林下经济为补充的生态扶贫模式。通过扶贫扶绿，做足林业文章，使漫山林果变成农民增收致富的“绿色银行”，让农民在生态建设中走上了脱贫致富的康庄大道。

林西县新城子镇七合堂村，是全县第一个通过生态建设实现脱贫的典型村。该村森林覆盖面积由 1991 年的 17% 上升到 2018 年的 86%，现有果树面积 7300 亩，年产优质野果 600 多万千克，果品远销昆明、广州、深圳等地，还出口泰国、缅甸和新加坡。村民仅水果一项人均增收 2 万元，占全村人均年收入的 80%。全村从生态建设中创造的产值更是高达 2660 万元，良好的生态效益带动了全村 58 户贫困户实现了稳定脱贫。

新城子镇七合堂村民正在采摘野果

为打赢脱贫攻坚战，林西县把林业生态产业与精准扶贫有机结合，全面推进生态扶贫工作，实现经济效益、生态效益和社会效益稳步提升。

几年来，林西县发放贫困人口各类生态补贴856万元，将231名建档立卡贫困人口就地转为护林员和草原管护员，每人每年获得6000元—12000元不等的工资收入。依托重点区域绿化等生态建设工程，吸纳贫困人口临时就业2000人次，人均增加工资性收入2000元。发展高效经济林10万亩，带动建档立卡贫困人口768户1552人，年人均增收1892元。全县退耕还林35.52万亩，累计受益贫困人口6778户10647人，年人均收入635元。

果树技术讲解

林下养殖

十二吐乡枕头沟村通过土地流转，在1340亩荒坡上集中连片地实施膜下滴灌项目，栽种黄太平、安国梨、123苹果等经济林，林下间种小麦、玉米等作物，每亩地能为贫困农户带来2000多元的收入，昔日的“穷土沟”变成了“金土沟”。

大井镇中兴村农民崔久春承包了300多亩林地，建起3栋标准化鸡舍，鸡饲料用草粉、豆饼和玉米配制，不加任何添加剂，养殖正宗的小笨鸡。如今，“林西小笨鸡”已打出品牌，崔久春与28户农民建立了金鸡岭小笨鸡养殖专业合作社，户均收入3万元，带动了周边100多户贫困户脱贫。七合堂村的边振廷依托经济林建起了生态农庄，养起了马鹿和狍子，开办了林家乐旅游项目，游客可在此赏景、摘果，年收入近20万元。

目前，林西县已形成了林下养鸡、林下养鹿、林下种药、林下种菜等林下经济类型，走上"合作经济组织 + 基地 + 农户（贫困户）"的林下种养业之路。全县已发展林下经济 13 万亩，从业人员达 1 万余人，林下经济年收入超过 2500 万元，带动 1500 多名贫困人口脱贫。

林西县林下经济的蓬勃发展，为农民撑起了发家致富的"绿色脊梁"，为农村架起了可持续发展的"绿色天空"。

■故事三：产业选育　精准脱贫强引擎

作为京蒙对口帮扶和经济合作地区，北京市丰台区和内蒙古林西县携手走到了一起。20多年来，两地心手相牵、血脉相联，在新时代的征途上砥砺前行，尤其是在脱贫攻坚、全面建成小康社会的康庄大道上一路披荆斩棘，谱写了一曲曲激昂奋进的时代壮歌。

2016年初，丰台区和林西县共同吹响了“脱贫摘帽”的冲锋号角。3年多来，丰台区通过建立帮扶机制、选派干部挂职，开展产业、就业、教育、医疗帮扶和引进社会力量帮扶，先后投入区级财政资金1900余万元，丰台区发改委、国资委、团委等各部门与林西县各部门对接交流扶贫工作30余次，围绕京蒙帮扶项目、蔬菜种植销售、牲畜养殖等进行专题调研、座谈交流，并在产业、教育、医疗及劳务等多领域签署帮扶协议，推动项目、资金、人才、技术向受援地流动，实现双方合作发展、互利共赢。

2018年3月，“咯咯哒、咯咯哒……”伴着林西县锅撑子山下德青源公司养殖小区连绵不断的鸡叫声，240万只扶贫“金鸡”陆续产蛋。仅一个月时间，首批60万只“金鸡”产蛋已经突破500万枚，在与新发地批发市场就北京对口帮扶地区“扶贫蛋”达成战略合作后，这些“扶贫蛋”以每天超过40万枚的速度“滚”向全国。

与此同时，从乌拉圭引进的9265头安格斯基础母牛正式进驻林西养殖基地。以此为标志，北京祥达瑞林养殖公司在林西建设总存栏3万头，一期1万头集繁育、加工于一体的肉牛养殖项目正式投用，项目全部建成运营后，仅养殖环节即可实现年产值2.2亿元，安置就业200人。

丰台区充分发挥资源优势，破解产业发展瓶颈，先后助力北京德青源农业科技股份有限公司、祥达瑞林养殖公司和农道众联公司等众多北京明星企业在林西落地生根，扶持其不断发展壮大、开花结果。通过与贫困户建立“1+4”利益联结机制，推进“龙头企业＋集体经济组织＋合作社＋贫困户”的帮扶脱贫模式，带动林西7921名建档立卡贫困人口脱贫致富。

“万企帮万村”也是丰台帮扶林西脱贫攻坚的一个成功范例。丰台区动员联系所属16家企业与林西县7个贫困村达成结对帮扶意向并签署了合作协议。林西县的杂粮、白糖等9个大类50余种产品与经销商达成合作意向，并与一家经销商现场签约。

■故事四：干群同心　齐心协力摘穷帽

身患糖尿病综合征的赵向柱至今也无法忘怀，北京的一位干部竟然能亲自光顾他这个连亲戚都不愿意来的贫困户家中，嘘寒问暖、胜似亲人，不但帮助其儿子找到了工作，还给他留下了电话号码。“您真是我们的救命恩人，我们这辈子都忘不了您的大恩情啊！”紧紧握着手里还带着体温的1000元钱，赵向柱老两口失声痛哭。感动赵向柱老两口的北京干部，是丰台区选派的挂职干部田昊，挂任林西县委常委、副县长，30岁刚出头的他勤勉和善，热心亲民，被当地百姓亲切地称为“小田县长”。

“这个小田县长太给力了，仅一个农产品推介会，我的粉条就卖出了8000斤，这样的‘亲戚’这辈子我认定了。”五十家子镇大马金粉条厂负责人宋英敏逢人就说。

北京市丰台区“万企帮万村”行动

“带着感情帮扶，把这里的百姓当作自己的亲戚，就会成为他们当中的一员。”这是田副县长在日记中写的话，也是丰台区选派干部到林西挂职帮扶的一个缩影。

2011年以来，丰台区先后选派8名政治素质好、业务能力强的处科级干部到林西县挂职，他们不仅帮助林西争资金、跑项目，还利用

北京市丰台区餐饮服务行业协会对口帮扶林西县特色农产品订购仪式

其丰富的人脉资源，在协调推进林西支线机场建设过程中发挥着无可替代的作用。同时，丰台区先后接收 26 名林西县处科级干部到区属部门挂职锻炼，推动了双方的沟通联系、交流交往，提升了干部的履职水平。

■故事五：搭建平台　志智双扶新路径

2017 年，北京市丰台区出资 400 万元援建了林西县贫困人口就业创业服务中心，成立“北京市丰台区赤峰市林西县扶贫协作劳务实训基地”，通过积极引进培训、创业创新机构，开展就业工作专项行动，为全县 4840 名有劳动能力的建档立卡贫困人口免费提供就业创业培训。林西县实施“精准筛查、精准治疗、慢病补偿、大病兜底”的“1351”健康扶贫工程，也得到了丰台区 1392 万元的帮扶资金支持。

从对口帮扶到双赢合作，京蒙扶贫协作绘出了一幅新画卷。

北京市丰台区援建的贫困人口就业创业服务中心

04

Chapter

扶贫路上的“追梦人”

脱贫攻坚是干出来的，首先靠的是贫困地区广大干部群众齐心干。用好外力、激发内力是必须把握好的一对重要关系。对贫困地区来说，外力帮扶非常重要，但如果自身不努力、不作为，即使外力帮扶再大，也难以有效发挥作用。只有用好外力、激发内力，才能形成合力。

——习近平《在东西部扶贫协作座谈会上的讲话》

（2016 年 7 月 20 日）

没有比人更高的山，没有比脚更长的路。林西县干部群众众志成城、携手同心，以更加振奋的精神状态、更加扎实的工作作风，自力更生、艰苦奋斗，凝聚起打赢脱贫攻坚战的强大力量。一幅幅贫困群众激发内生动力脱贫致富、扶贫干部倾心帮扶的感人画卷，在林西大地徐徐铺开……

第一节　一心扑在扶贫上

她是“官方”身份，村民却把她当成“娘家人”。她像兰花般高洁，如玫瑰般典雅，在扶贫路上吐露芳香……

“我是农民的女儿，努力做好脱贫攻坚工作，让群众过上好日子，是我应尽的职责。”现任赤峰市发改委投资科副科长、市脱贫攻坚推进组驻林西县大井镇工作队队长兰晓娟感慨地说。

兰晓娟与贫困户童明雨交流谈心

一、贫困寄语　纸短情长

“开始时，我对精准扶贫政策存有怀疑态度，以为还像从前那样，走形式罢了。兰晓娟经常到我家嘘寒问暖、送医送药，每周帮我生火做饭、打扫卫生，还找人帮我装修房子，让我过上了幸福生活，是她让我在绝境中重新燃起了对生活的希望。我想用纸笔记录下这个伟大时代，记录新农村翻天覆地的变化，可惜，纸短情长……”大井镇东风村村民童明雨在感谢信中写道。

二、对症下药　谋划项目

在了解制约各村发展的瓶颈问题后，兰晓娟与镇里和村里的领导班子开始谋划能带动村民脱贫致富的好项目。她积极协调有关部门、企业，争取扶持资金和谋划项目。2017 年，她争取总投资 1023 万元的京蒙对口帮扶项目、投资 180 万元建设漫撒沟 2000 平方米蛋鸡养殖合作社鸡舍项目，投资 363 万元建设大井镇生态扶贫产业园项目，有力地推动了脱贫攻坚的顺利实施。

在她的多方努力下，2017 年 5 月，内蒙古今生今柿公司投资 400 万元，在大井镇生态扶贫产业园建设用于种植水果西红柿的大棚 75 个，每座大棚毛收入每一年 6 万元以上，通过务工等形式带动 50 多名贫困人口实现稳定脱贫。内蒙古乾福农业公司计划投资 4000 万元，发展中草药和马铃薯基地 3000 亩。经过多次洽谈对接，东方园林集团与林西县政府就大井镇生态旅游、新城子“特色小镇”及支线机场景观提升等全域旅游项目达成一致，于

兰晓娟到扶贫产业园进行调研

2017 年 12 月 8 日签订战略性框架合作协议。

三、志智双扶 助力脱贫

在项目引进、发展产业的同时，兰晓娟认识到精神扶贫不仅是改变农民思想观念和生活方式的途径，对扶贫工作还会起到有效的推动作用。她积极从改变群众的生产生活观念、提升发展自信入手，组织“文化下基层”惠民活动，利用休闲时间为各村举办农民广场舞培训班，改变了群众的精神面貌，有效激发了贫困群众的内生动力。

在庆祝建党 96 周年之际，兰晓娟牵头举办大井镇专场晚会，她带头参演，用热情动听的歌声和优美的舞姿展示了扶贫干部积极向上的精神风貌。她组织参加了全市纪检系统文艺会演、全市农村牧区文艺专场演出活动，展示了积极向上的新风尚。她组织开展大井镇生态扶贫产业园首届油菜花节，通过“赏花摄影、助力脱贫”主题活动，实现产业基地建设与发展生态旅游有机结合，用特色产业带动贫困户稳定脱贫。

第二节　不负重托的扶贫办主任

“不忘初心、砥砺前行，坚决完成组织交给的精准扶贫任务！”这是赵光明被任命为林西县扶贫办主任时立下的军令状，也是他几年来扶贫工作的真实写照。他以自己的艰辛付出，为推动形成精准扶贫的“林西模式”闯出了新路。

一、深入调研着眼长远　厘清林西扶贫开发思路

赵光明牢记组织重托，全身心地融入脱贫攻坚工作之中，扎扎实实开展

赵光明在德青源公司调研

调研工作，走遍了全县9个乡镇100多个村庄，了解贫困群众的生产生活情况，听取他们对脱贫攻坚工作的意见和建议，掌握贫困群众最关心、最迫切需要解决的热点和难点问题。他集思广益，制定工作规划和年度发展计划，厘清工作思路，确立工作目标。

赵光明通过多次外出考察、查阅大量资料，在充分征求各方意见后，将德青源240万只金鸡、正邦200万头生猪全产业链等产业扶贫项目引入林西县，依托这些重点项目和农牧业龙头企业的支持，通过企业+基地+贫困户的方式，打造符合林西实际的甜菜、金鸡、生猪、中草药、内蒙古野果五种产业脱贫模式，建立企业与贫困户之间的利益联结机制。确保全县所有具备生产能力的贫困人口实现产业措施全覆盖，使贫困群众获得生产性、财产性、劳务性和资产性四个方面收入。同时，通过整合财政涉农资金，撬动金融资本和社会资本参与，推行“园区+企业+农户+贫困户”经营模式。

二、有针对性地开展扶贫工作　不断探索脱贫新路径

赵光明多次提出合理化建议意见，并建立政府与金融部门、民政部门的有效沟通，在全县范围内实施“基金+低保”的扶贫模式。设立1.6亿元脱贫产业基金，为每名无劳动能力和劳动能力弱的建档立卡贫困人口提供1万元产业基金支持。通过政府引导，将产业基金注入实力强、效益好的龙头企业或合作社，连续3年每人每年获得1000元稳定收益。同时，将全县9336名符合条件的建档立卡贫困人口全部纳入“低保”“五保”救助范围，两项措施兜住了收入底线。

“白天走、干、讲，晚上读、写、想。”深入精准扶贫的工作实际，给了赵光明丰富的理论滋养，他在繁忙的工作中，对林西县的脱贫模式进行归纳总结，提出了“1+4+5”产业扶贫、“1351”健康扶贫、“易地搬迁+”、“扶智+扶志”及“基金+低保”脱贫模式，在全市推广并成为全国脱贫攻坚的典型。

现在，赵光明正在思考如何将互联网的作用发挥到极致，在新农村走“互联网＋扶贫”的崭新道路。他还打算抓住乡村振兴的契机，大力开展旅游扶贫和休闲农业扶贫。他说：“入之愈深，其进愈难。唯有接地气、解民情、抒民意，以贫困村和贫困户脱贫致富奔小康为己任，才能打好打赢脱贫攻坚战。”

第三节　共产党员的本色和担当

他有一颗公正的心、为民的心，更有一颗聪慧的心——带领村民走出贫困。

宽敞油路，绿树成荫；农家花园，鸟语花香；健身广场，童叟嬉戏……如今，十二吐乡西山根村已经成为脱贫致富的新农村，能有今天的成绩，西山根村的人们说得最多、夸得最多的是好支书刘占林。

西山根村位于十二吐乡南部，人多地少，严重缺水，全村没有产业，贫困面达到46%。为了使全村百姓尽快脱贫致富，早日过上小康生活，刘占林千方百计寻找致富门路，带领群众发展种养产业，为群众解难题、办实事，在他的带领下，西山根村短短几年就发生了翻天覆地的变化。

“不能因为是亲戚，就可以走后门，要做到公平公正。”村支书刘占林无数次嘱咐其他村干部。为了精准识别扶贫对象，刘占林带头进行了三轮全面入户调查，详细了解村民生产生活现状，逐组召开村民小组会审核，确定贫困户后张榜公示进行全程监督，做到选户精准，扶贫路上不落一人。刘占林带领村干部，配合驻村工作队和乡干部，深入开展调研，召开贫困户座谈会，让贫困户自己分析致贫原因，寻找脱贫措施，制定脱贫计划，确定了以发展种养业为主的脱贫致富路子。通过招商引资，吸引外地“致富能人”来村里流转土地发展设施暖棚，使西山根村群众在获得土地租金的同时，通过带动贫困户就业增加收入，解决了易地扶贫搬迁户的生计问题。同时，他还根据西山根村养牛历史长的特点，积极引导贫困户和在外务工的成功人士返乡发展养牛业。全村共发展养牛大户74户，牛存栏达2000余头，成立了方家店肉牛养殖专业合作社，现存栏肉牛1400头，带动了周边140多户发展养牛业。

刘占林（左）到贫困户蔬菜大棚调研指导

刘占林（左）在肉牛养殖合作社调研指导

西山根村的人们常说，村支书是村里的当家人，除了村里各种日常事务以外，今天张家兄弟吵架，明天王家婆媳不和，下雨时“五保”户的房子漏不漏雨，下雪了困难户能不能取上暖，这一件件琐事他都记在心头，总是想方设法抽出时间帮助村民解决。为了方便群众办事，刘占林在新建成的村综合服务中心设立了便民服务室，规范了相关制度，避免了群众有事找不到村干部、盖不上章等情况的发生，便利了群众，提升了干部服务水平。

情系农村，情系农民，上为政府分忧，下为百姓解愁。在带领广大群众脱贫致富、创造幸福生活的进程中，刘占林时刻体现着一名共产党员的本色和担当。

第四节 扶贫路上巾帼情

匀称的身材，端庄秀丽，时时微笑着的脸庞，一双明亮的眼睛里隐约透出一种女人少有的沉稳和刚毅。她犹如一棵小草，深深扎根在沃土中，以其特有的清香回报着青山绿水和阳光雨露。

2014 年 4 月，刘莉莉被派驻到大井镇温都村任第一书记，四年零十个月的时间里，她始终工作在脱贫一线，亲眼见证了这个重点贫困村发生的巨大变化。原来的温都村，班子软弱、村里环境差、人均收入低；现在的温都村，班子团结、村子文明、邻里和睦、产业兴旺。建档立卡贫困户从 2014 年的 269 户 568 人减少到 7 户 15 人，贫困发生率从原来的 19.5% 下降到 0.6%，农民人均纯收入由 5200 元上升到 7800 元。

一、驻村下乡 教育淑女变“村姑”

刘莉莉了解到温都村位置偏僻，吃水困难，就协调单位和水利部门，为村民们打了 4 眼机井。4 眼机井虽然不多，却成了引入村民特别是党员干部心中的一泓甘泉。60 多岁的老书记张宝树说：“丫头，你行！咱村子以后该咋干，就听你的了！”

为提高村民收入和持续发展，刘莉莉协调引进领邦牧业投资 500 万元的肉驴养殖项目，总投资 4.5 亿元的农道肉牛养殖项目，协助流转土地 1240 亩。项目建起来了，村民们发展的信心回来了，刘莉莉也从最初白白净净的文化人变成了地地道道的“村姑”。

二、迎难而上 解决问题的“先锋官”

下乡期间，了解到村里张吉峰有失地保险，属于稳定脱贫户，刘莉莉和驻村队员去他家讲解政策、填写退出确认书。当时张吉峰酒后午睡刚醒，刚看到她们进屋时还满脸热情，当听到让他退出的时候，就变了脸，一把抢过刘莉莉手中的资料摔在地上。刘莉莉主动和张吉峰讲解政策，帮他算经济账。当张吉峰把藏起来的扶贫档案拿出来愧疚地交给刘莉莉时，刘莉莉心里所有的怨气一扫而光。

三、真情感化 上访户成“致富能人”

李金焯，70岁，对村政策总是不满，没事就上访，村里没人敢惹。听说来了工作队，他就来“反映情况”，从土地说到房子，到修路，全都埋怨不公平，刘莉莉总是耐心地听他把话说完。

刘莉莉向贫困户了解情况

老人走后，刘莉莉了解到他是一个人住，子女不在身边，年龄大失去劳动能力，没有生活来源，生活的孤寂让他极需别人的关心。再次下乡，刘莉莉自己花钱给他更换了新的炕布、被褥、桌椅，又为老人买了30只鸡仔、30只鹅雏，老人的干劲足了，人变得精神了，小院子充满了生机。

刘莉莉到贫困户家中慰问走访

四、风餐宿雨 舍弃小家顾大家

国检验收前，正值刘莉莉女儿中考，可刘莉莉晚上工作到凌晨是经常的事，孩子不理解，生气吵闹，后来甚至不接刘莉莉的电话。有一次，刘莉莉答应和孩子一起吃顿晚饭，可晚上又加班，当刘莉莉夜里11点多钟回到家的时候，孩子已经抱着课本睡着了。看着女儿脸上的泪痕，刘莉莉的眼泪夺眶而出……

如今的刘莉莉已成了地道的温都村人，人们早已忘记了她的工作职务，都亲切地叫她“小刘书记”。简简单单的一个称呼，饱含着老百姓对刘莉莉的信任和肯定，她用真心换来了村民的认可。

辛勤的汗水浇灌出了荣誉之花，刘莉莉连续四年被评为“县级优秀第一书记”“脱贫攻坚先进个人”，2018 年获得“市级巾帼扶贫工作先进个人”荣誉称号。

第五节　绽放在脱贫攻坚第一线的“四朵金花”

舍小家顾大家，东升村就是四姐妹的家。把全村百姓装进心里，大事小情扛在肩上——她们是最美的“四朵金花”!

林西县大营子乡东升村有这样一支巾帼扶贫队伍，她们舍小家顾大家，走村入户，访贫问苦，宣传扶贫政策，解决实际问题，赢得全村老百姓广泛赞誉。

驻村第一书记王淑芳的儿子正在读高二，丈夫在小井子村包户扶贫。工作队队员尤艳杰，丈夫在前地村任第一书记，孩子也是高中生。工作队队员桂珍，孩子读一年级。工作队队员李艳飞，丈夫在东风村驻村扶贫，孩子刚上幼儿园。这样一群女同志，在家中是乖巧的女儿、贤惠的妻子、慈祥的母亲，而在脱贫攻坚一线，她们是巾帼不让须眉的

“四朵金花”走访慰问贫困户

基层“女兵”，是把群众的大事小情时刻扛在肩上、抓在手上的共产党员。

舍小家为大家。自开展扶贫工作以来，她们的工作时间总是“白加黑”“五加二”。“淑芳怎么又加班，这么晚还在村里”已成为家里人的口头禅。2017年夏天，东升村三处河口被洪水冲毁，造成5个村民组出行困难。王淑芳先是到对口帮扶单位县医院说明情况，争取了3万元资金用于修路，之后又带领队员们安抚村民，忙前忙后，总算解决了老百姓的出行问题，让村民们种的菜及时运出村。贫困户席文成说：“我们有啥事都找她，她啥都管得好好的！”看着越来越多贫困户主动发展生产，用辛勤劳动摆脱贫困，看到东升村一天天的变化，王淑芳露出了欣慰的笑容。

因公忘私显大爱。尤艳杰的爱人王海涛就在大营子乡前地村任第一书记，没时间管家里的事，刚接到让她去驻村的通知时，她有些畏难情绪。曾有人劝她反正也不奔什么前程了，不如不去，但她毅然决然地选择了和丈夫一样，奔走在脱贫攻坚的路上。几年来，她风里来、雨里去走遍了东升村的每一户，她深入贫困户家中和田间地头，与群众拉家常、嘘寒问暖，宣传扶贫政策，记录贫困户信息，回到村部就梳理问题，填写扶贫档案，能办到的尽力而为，成了群众的知心人。她不但通过微信帮村里销售提子，还联系蒙唐超市，让村里的大棚蔬菜进了超市，切实让百姓增收。

“四朵金花”与贫困户分享生活喜悦

把群众当家人。李艳飞在乡里农经站工作，工作很繁忙，驻村后更是时间紧迫。看着李艳飞日渐消瘦，丈夫尹志刚心疼地说：“我现在天天在村里扶贫，女儿只有6岁，需要你这个妈妈，你的身体也不好，你看能不能跟领导说说，调整一下工作。”李艳飞摇摇头说：“我熟悉村里的情况，换新队员还得重新入户，再说我也习惯了，咱俩还是克服克服困难吧。”说起李艳飞，贫困户郭显富激动地说：“我有啥困难她都主动帮助解决，比亲女儿还亲！”

东升村扶贫队伍的“四朵金花”，放弃照顾孩子和家庭，顾全大局、牺牲小我，一心战斗在扶贫攻坚一线，不惜辛苦，这种脚踏实地、尽心尽责的工作作风，正是林西县脱贫攻坚队伍的真实写照。

第六节　返乡创业显身手

他看到了乡村振兴的希望，意识到了“土里生金”，毅然回到家乡，做起新型农民。

张立峰在修理农机

农民张立峰在30岁之前最想摆脱的身份就是“农民”，但没想到的是，逃离农村10年后，张立峰走上了“回头路”，扎根农村成了一名新农民。

一、从逃离乡村到做回农民

张立峰出生在林西县大营子乡土庙子村，他曾经觉得“土庙子”这个名字“土”。人们都说，“走进马兰滩，黄沙冒了烟，地里不打粮，公鸡上了房。”想起老人们常挂在嘴边的这段顺口溜，他毅然地离开了家，外出创业。

2014年夏天，张立峰回到土庙子村时发现，昔日的小村庄早已不是他离开时的样子：距离县城8公里的城郊村，交通条件变好了，水泥路修到家门口，土坯房变成砖瓦房，干净的自来水流进家家户户的水缸，撂荒的土地成了“香饽饽”，村民纷纷承包土地发展规模化种植，走上了依靠产业发家致富的道路。

张立峰被家乡的环境所吸引，说服了妻子回来种地。回村头两年，他先跟着父亲一起种地，从承包几十亩地开始积累经验。后来他干脆向亲戚朋友借了钱，又贷了款，承包了上百亩地，加入了合作社，承包了1000多亩地，走上了机械化科学种植的路子。

二、扎根农村谋脱贫致富

每年春天，张立峰就和工人们驾驶着“福星凯恩”大犁翻地，把地膜和茬子翻出来，开始一年的耕作。过去他觉得，一说起农民就意味着农村户口、种地的、小农意识，现在，他不仅不认为农民的身份掉价，还经常在朋友圈晒自己的家底：崭新的约翰迪尔拖拉机、新款青岛洪珠马铃薯播种机，还有靠种地赚钱新盖的大房子。

土庙子村靠大田蔬菜致富，全村年收入最高达100万元以上，收入在20万元以上的也有七八十户，一半农户收入都超过10万元。过去的穷山村土庙子成了小有名气的富裕村，张立峰也真正尝到种地的甜头。

三、政策助力让农民更有信心

为解决农产品“难卖”的问题，张立峰带领村民转型发展优质、高效、无公害产品，已有4种农产品获得国家无公害产品认证，合作社已发展到8家，他们还规划建设蔬菜交易市场。

张立峰向党组织递交了入党申请，他说，随着农村种植机械化程度的提高，劳动力需求大大减少，乡村振兴越来越需要勤劳、有头脑、肯奋斗的人，他期待着把农民纳入职业教育体系，提高农民素质，继续增强农民的自豪感、自信心和社会地位。①

第七节　乡村“电商达人”

农家女子、线上售货、粘豆包、杂粮杂豆，所有这些都集中到了她一个人的身上。她要让更多的乡亲和贫困户搭上电商的顺风车。

以前双兴村的杂粮杂豆、粘豆包、年糕等农副产品没有销路。如今，赵丽杰通过发展村级电子商务，带动双兴村打通了销路，同时也带领村里的贫困户们迎来了脱贫致富的春天。

一、与电商的初次相遇

2016年10月，新城子镇双兴村村民赵丽杰参加林西县电子商务培训，她了解到全国各地有许多利用电子商务平台销售家乡土特产品从而脱贫致富的成功案例，头脑灵活的她灵机一动，决定回村建立一个电子商务销售网络。双兴村是林西县典型的“老三区”品牌杂粮产区，出产的黄米面糯性

① 根据2018年6月6日新华网刊发《离开农村十年后，他为何走上“回头路”》整理。

赵丽杰带领贫困户进行食品制作

赵丽杰组织电商营销

大、营养丰富，用它做出来的粘豆包软糯、香甜，是老百姓逢年过节必备之佳品。于是，她与几户贫困户商议，决定手工蒸制粘豆包，以“双兴粘豆包”的牌子进行包装，在电商服务平台上进行销售。

二、闯市场叫响知名度

双兴村电商网络在赵丽杰及县、镇帮扶人的共同努力下，于 2016 年 11 月建成，赵丽杰从此也成了双兴村的大忙人。白天，她一边上班干业务，一边接电话接订单，一边解答各种咨询与问题。晚上下了班，她还要穿梭于林西镇的各个小区街道送货上门。回到家，再把白天接回来的豆包分成 5 斤、10 斤进行封装。

每到年末，就迎来了粘豆包的销售旺季，双兴村电商平台一天的订货量就达到 300 余斤，仅一个月的时间，就能卖出近 2000 斤。现如今双兴村已有 5 户贫困户借助赵丽杰的电商平台销售自家制作的手工粘豆包，月收入达到了万元。

三、带动贫困户共同致富

为了能够更好地发掘双兴村杂粮杂豆更广阔的市场优势，带领更多的村民增收致富，赵丽杰辞去村级公益岗位的职务，专心做杂粮杂豆的线上销售。贫困户有卖不出去的杂粮杂豆、猪肉、笨鸡，她都义不容辞帮助他们义务销售，哪家有需要她帮忙的，她二话不说，村民们都说她是一个热心肠的人。她还购买了真空包装机打包，以方便远销外地。村里原来卖不出去的红豆、黄米、小米、荞面都成了脱销产品，销售一空。

2018 年，赵丽杰的家庭农场流转了 2600 亩土地，用来种植原生态的杂粮杂豆，家里共有农用机械 4 台。干劲满满的她又承包了 20 栋大棚种植蘑菇，并吸纳了 10 户贫困户与她一起种植。赵丽杰梦想着，在不久的将来，开一个小型加工厂，把双兴村出产的有机杂粮杂豆和中草药材包装好，一并纳入到电商平台上进行销售，让更多贫困户能够搭上电商销售的顺风车，迅速致富奔小康。

第八节　带领乡亲奔富路

他秉承“人无我有、人有我优、人优我精、人精我特”的思想，把“合作社 + 基地 + 贫困户”经营模式引入合作社。他开拓进取，实现了与其他社员的双收双赢。

他就是林西县统部镇双赢农机合作社的理事长任宇，是一名拥有大专学历的中共少数民族党员。2002 年大学毕业后，任宇放弃了留在大城市就业的机会，下定决心回乡创业。2008 年 7 月 10 日，他带头成立了林西县第一家从事农业机械服务的专业合作社——林西县统部镇双赢农机合作社。

创业后，通过联合生产，规模经营，将分散的资金、劳动力、土地和市场整合起来，解决市场“小农户”“大市场”的对接和适应问题。同时，他组织股东们在本村大力宣传国家的农业政策和土地流转的典型经验，介绍农民专业合作社的特点、形式和好处，动员大家将不愿意种、种不了和效益不好的土地，通过土地流转和租赁等方式转包给合作社，合作社集中连片，统一管理，统一规划，统一经营，统一由合作社决策。2012 年任宇与合作社的股东商议，决定将这些外出务工户的土地以土地流转的方式入股合作社，合作社以每亩 400 元作保底，超出的部分按 70% 分给社员，30% 留在合作社，使得这些农户每亩地多收入了 600 元。

经过几年不懈的努力，任宇把“合作社 + 基地 + 贫困户”的经营模式引入合作社，注册了“薯之源”商标，合作社生产的西红柿、黄瓜、大白菜、土豆通过了国家有机、绿色、无公害认证，并建立了网站，搭建了双赢合作社信息宣传平台，产品远销广州、温州、北京、沈阳等城市。

任宇建立的马铃薯生产全程机械化示范园区建设基地，直接发挥了“减少劳动力、富裕农民”的作用，促进了土地流转，把更多的劳动力从土地中解放出来，农民有了更多的时间和精力发展养殖业。统部村 487 户农户中，有 140 户搞起育肥牛羊生产，160 多人进入统部镇北方活畜交易市场，40 多

任宇（右一）与客商洽谈业务

双赢农机合作社社员收获时的喜悦

人进入肉类加工厂工作，440多人外出打工，仅此几项已使社员人均纯收入增加了3000多元。

如今，在任宇的合作社里长期上班的社员达到1065人，其中贫困户545人。各种配套机具发展到366台套，注册资金达到1000万元。合作社新建农业塑料大棚1000栋、大田种植基地6000亩，辐射带动面积达到28000亩。合作社的农业种植包括马铃薯、西红柿、葡萄西红柿、无籽西瓜、香瓜、甜瓜等。大田蔬菜种植的蔬菜包括西蓝花、有机菜花、甘蓝、紫甘蓝、尖椒、葱头、芹菜、架豆、土豆等。

第九节　身残志坚追梦人

一个双目失明的人，他得到了妻子的支持、乡亲们的帮助。致富后，他又献出了一颗共产党员火热的心，去温暖和帮助他人。

深秋的林西县秋风萧瑟，在十二吐乡乌兰沟村的绿然农产品加工合作社里，却是机声隆隆，劳作的身影穿梭往复。从原粮到成品粮、从研磨米面到热腾腾的干粮，这里的人们用汗水灌溉土地，用劳动创造财富，一段段脱贫故事经由郑国春的催发，正在这里被娓娓道来……

郑国春（右）在杂粮加工车间指导员工操作

在郑国春合作社打工的宗保民说，自己家地种的都是杂粮杂豆，除了农忙时节外，他都是来郑国春的合作社干些脱壳、加工、捏莜面窝窝、包豆包的“零活”。“当天就发工钱，一天100

元，还管顿饭，照这样我年底就能脱贫啦！”说到现在的收入，宗保民的满意之情溢于言表。

宗保民等贫困群众能够顺利脱贫，依托的平台就是郑国春的绿然农产品加工合作社。用贫困户的话说，没有郑国春，就没有现如今他们的红火生活。

早年，因意外受伤无法正常视物的郑国春风光过，也受挫过，但他从未想过向现实屈服。虽然眼睛看不见，但他却凭着超乎常人的百倍毅力和努力，通过整合自己以前经营农产品加工作坊的人脉和资源，重新发展起了自己的事业。

为保证产品质量，郑国春严格控制好各个生产环节，采取统一选种、统一技术指导、统一收购、统一包装、统一品牌的“五统一”模式，收购过程中按照高于市场价 5% 的价格对合作社社员的农产品进行收购，有效带动了乌兰沟村及周边 1000 余户种植户发展。“老郑人好信誉高，收完粮大家都是往合作社卖，大家最信得过他！”

如今，在郑国春合作社的吸引和带动下，附近十里八村的农户都纷纷加入进来。2018 年，合作社年加工生产量达到 5000 吨，总销售额达到 1200 多万元，年纯利润 50 余万元，产品远销呼和浩特、包头、锡林郭勒、霍林郭勒等地和吉林省的一些地方。

郑国春合作社生产的杂粮通过电商平台销往各地

扫描二维码收听《打赢精准脱贫攻坚战——奋斗在一线：林西县农民郑国春身残志坚，带动贫困户抱团致富》

为了让贫困群众能多渠道增加收益，郑国春又将目光放到了网络销售上。郑国春说："咱这杂粮杂豆都是天然绿色食品，口感好品质高，要是不能走出去太可惜了。原来黄米面市场价格是一吨 5800 元，现在通过网络销售可以卖到 6000 元，要是用大车拉，这一车就可以多赚 1600 多元呢。"

郑国春是合作社理事长，也是致富带头人，更是一名老党员。在合作社发展中，他积极吸纳 50 户贫困户参与进来，给他们做思想工作，提供就业岗位，创造增收机会，相比于一般社员，对于贫困群众他总是多一份"偏爱"。"咱的眼睛虽然看不见了，可这心是敞亮的，有了党的好政策，我才富裕的，咱也是农民，不能忘本，我要尽最大的能力带领贫困户脱贫致富，路会越走越宽敞！"在隆隆运转的农产品加工机械厂房里，郑国春一脸的阳光。

在他的带动和帮助下，合作社的 50 名贫困户社员已全部脱贫，周边村子的贫困户在郑国春的帮助下，也正向着脱贫目标迈进。

第十节　勤劳过上好日子

"人心都是肉长的，驻村干部感动了他。他不再睡懒觉、喝小酒了，这不，太阳刚露头，他就下地干活去了……"

今年 53 岁的付占山以前是村里有名的懒汉，也是建档立卡贫困户，家中就两口人，18 岁的女儿在读中专。女儿 5 岁那年，媳妇嫌他家太穷跑回了娘家。从那以后，村民眼里的付占山就变成了名副其实的"付懒汉"。他平日里就种家里那 10 多亩山坡地，靠天吃饭混日子，还不愿意出去打工，搞个经营啥的也不上心。村里人都说，他不但懒，还有些犟，他要是不想干的事情，别人说什么也没有用。

2014 年，付占山成了精准脱贫扶持的重点对象。驻村工作队队员每次来到他家，见他不是在睡觉，就是在打牌，要不就是在喝酒。有人帮他联

付占山种植业喜获丰收

付占山夫妇脱贫后的喜悦

系外出打工，他不领情还发脾气，让他发展产业他也总是敷衍。政府发救济款是他最高兴的时候，但没多久钱就被他吃光花净了，生活依旧是穷困潦倒，毫无起色。

考虑到他不愿外出打工，驻村干部便联系县、镇两级政府，为他争取到了“三到村三到户”项目资金，帮他购买了一头优质基础母牛和两只基础母羊。此后，驻村干部定期去他家走访，带着畜牧技术人员上门为他讲解养殖、防疫技术，协调养殖大户为他传授养殖经验，帮他家修建了棚圈，解决了饲草问题。最终，他被帮扶干部的真情所感动，开始对养殖上了心。一年下来，他家竟然成了水泉沟村首批精准脱贫户。

如今，功夫不负有心人，经过几年的悉心经营，付占山家的养殖规模逐渐扩大，母牛养到了 8 头，羊也有 60 多只，还额外养了 5 匹马。每年卖出几十只羊和两三头牛犊，收入就达到两三万元。

靠劳动致富后，村民们背后对他的称谓再次发生改变：“付懒汉”变成了“老付”。尝到了劳动致富甜头的他，对发展生产也更有信心了。他承包了村里 40 亩坡改梯耕地种植甜菜，虽然新整理的土地地力有些薄，但收获也很喜人，40 亩甜菜纯收入达到两万多元。村民开玩笑地说：“没想到‘付懒汉’居然成了致富典型，今后我们得好好跟着老付学致富了。”

2016 年，村里开始实施易地扶贫搬迁项目，按照脱贫不脱政策的要求，老付一家是第一批受益者，在政府每人两万元建房补贴的帮助下，老付自筹部分资金盖起了三间砖瓦房。同时，经过驻村工作队多方努力，老付的女儿也分享到“雨露计划”扶持政策，在读书期间每年能获得 1500 元的教育资助。

从懒汉变成了致富能手，如今的老付可谓喜事连连——盖起了三间砖瓦房，媳妇不远万里回到了他的身边，女儿在学校又获得了奖学金，之前买的母牛也产下了小牛犊，家里新添置了液晶电视和全自动洗衣机。靠勤劳致富面貌焕然一新的老付，如今一家人团团圆圆地过上了好日子。

扫描二维码收听《打赢精准脱贫攻坚战——奋斗在一线：林西县水泉沟村村民付占山脱贫记》

05

Chapter

脱贫摘帽
送一程

社会主义是干出来的。脱贫攻坚是硬仗中的硬仗，必须付出百倍努力。全党全社会要再接再厉、扎实工作，坚决打赢脱贫攻坚战，在全面建成小康社会的征程上不断创造新的业绩。

——习近平对脱贫攻坚工作作出的指示

（2017 年 10 月 8 日）

退出国家贫困县序列，只是林西县在脱贫道路上的一个节点。林西县坚决做到摘帽不摘责任、摘帽不摘政策、摘帽不摘帮扶、摘帽不摘监管，进一步总结经验，不断完善《贫困县退出后续巩固提升实施方案》和各行业部门配套制定的后续巩固方案，重点在产业扶贫、健康扶贫、易地搬迁、兜底保障、“双化”建设等方面精准发力，持续用力，以永不懈怠的精神状态，去战胜各种困难挑战，努力把全面小康社会的宏伟蓝图变为美好现实。

第一节 巩固脱贫成果细化“四不摘”

林西县自退出国家贫困县序列后，坚决做到摘帽不摘责任、摘帽不摘政策、摘帽不摘帮扶、摘帽不摘监管，确保未脱贫人口实现稳定脱贫，已脱贫人口继续做好巩固提升。如今这“四不摘”已经被细化成了实实在在的好政策，让当地的老百姓吃了一颗定心丸。

一、摘帽不摘责任

林西县建立了县级统筹、乡镇主体实施、村级抓落实的责任机制和三级书记抓扶贫的工作机制，成立了由县委、县政府党政正职任双组长的扶贫开发领导小组，设立脱贫攻坚指挥部，下设 1 个综合统筹协调组、16 个专项推进小组，全方位、多层次开展精准扶贫工作。明确县级党政正职是第一责任人，对脱贫攻坚工作亲自过问、亲自研究、亲自部署、亲自协调、亲自落实、亲自督办，做到不脱贫不调整、不摘帽不调离。

二、摘帽不摘政策

林西县在完成国家贫困县退出工作之后，对贫困人口继续实行原有的扶持政策，并采取一定措施，保障原有的扶贫政策能够得到持续执行，确保实现稳定脱贫。为此，林西县规定凡是享受涉农财政资金收益的建档立卡贫困人口，不影响其再次享受其他扶贫政策。专门印发《林西县 2019 年精准施策产业项目实施方案》，确保每个贫困户至少参与一个产业扶贫项目或到户项目。继续实施“5531”工程，完成 2019 年易地搬迁任务。持续推进健康扶贫“1351”工程和“三个一批”行动计划，确保政策落实到人、精准到病。通过发展乡村文化旅游业带动贫困人口脱贫。发展庭院经济，整合涉农资金，扶持各乡镇发展“五小工程”。制定 2019 年电商扶贫实施方案，建立产业发展指导员制度，指导贫困户科学选择产业，提升产业扶贫质量。

三、摘帽不摘帮扶

林西县进一步加强全县脱贫攻坚干部选派管理工作，为脱贫攻坚后续巩固、实施乡村振兴战略提供坚强组织保障。按照因村选派、按需选派原则调整驻村工作队，规范数量、保证质量。修订完善驻村干部日常管理和考评办法，对驻村工作队和第一书记职责、分级管理、驻村要求、定期报告、入户帮扶、教育培训、考核激励等做出明确规定。县委组织部抽调人员组成专项督查组，对驻村干部在岗、工作和组织关系交接、进村入户了解情况、工作日志完成等方面进行全面实地督查。县扶贫办强化驻村干部业务培训，力促驻村干部做到村情、贫困户和脱贫攻坚相关情况“一口清”。乡镇党委会同派出单位加强驻村干部日常管理，严格按照日常管理和考评办法要求，认真审核把关、按时逐级报送周纪实、月汇总考勤考绩情况。

四、摘帽不摘监管

林西县制定了《林西县建档立卡常态化动态管理工作方案》《林西县2019年脱贫攻坚“回头看”工作实施方案》《林西县2019年脱贫攻坚“清零达标”专项行动实施方案》，进一步聚焦贫困人口和影响“两不愁三保障”的突出问题，扎实开展脱贫攻坚基础工作、产业项目和政策精准落地“回头看”工作。贫困户的识别工作按季度开展，每一季度开展一次，贫困户脱贫退出工作每一年进行一次，安排在每一年第四季度开展脱贫退出工作。对符合识别条件的常住农户及时纳入建档立卡贫困户范围并享受精准扶贫政策，对精准识别和退出中发现的漏评、错评、错退等问题及时予以纠正，确保应纳尽纳、脱贫即出、返贫即入。

第二节　勇立潮头树标杆

扫描二维码观看《赤峰市林西县获全国脱贫攻坚组织创新奖》

林西县地处北疆要塞，生态发展基础薄弱，经济欠发达，1986年被确定为第一批国家扶贫工作重点县。在合力攻坚、决胜小康这场硬仗中，林西人始终秉持勇立潮头、敢为人先的优良传统，勇挑重担、艰苦拼搏、攻坚拔寨，2018 年第一个在内蒙古自治区退出国家贫困县行列，荣获“全国脱贫攻坚组织创新奖”。

林西县推进城乡一体化建设新貌

林西县积极推进设施农业建设新貌

不断完善生态文明建设的林西

是什么让林西县在这场脱贫攻坚战役中如此坚定，是什么让林西儿女有这样的自信走在全区前列？林西人用奋斗做出了最好的诠释。

一、坚持和加强党的领导是成就事业的核心要件

脱贫攻坚是今后一个时期的头等大事和第一民生工程，林西县在脱贫攻坚实践中主动提高政治站位，牢固树立“四个意识”，深刻认识和理解习近平总书记关于扶贫工作的重要论述，紧扣小康社会建设，坚定不移以脱贫攻坚统揽经济社会发展全局，努力做到知行合一。通过成立脱贫攻坚指挥部，建立起县级统筹、乡镇主体实施、村级抓落实的责任机制和三级

逐步推进小城镇建设的林西

书记抓扶贫的工作格局，真正加强了党的领导，在具体工作中充分发挥了掌握方向、坚持大局、模范带动、服务群众的积极作用。同时，以党建为引领，党政一体同心引导全县上下树立“一盘棋”思想，把方方面面的力量全部调动起来、统筹起来、凝聚起来，完善帮扶机制，压实工作责任，形成党委政府主导、行业配合、社会参与、多方助力的大扶贫格局，带动并激发了全社会的力量，汇聚起上下齐心、众志成城、决胜脱贫的强大合力，真正把党的政治优势、组织优势转化为发展优势、脱贫优势，为决胜脱贫攻坚提供坚强组织保障。

林西已建的纵横交错的高等级公路网

二、“精准细实”的作风是干好工作的制胜法宝

对于脱贫攻坚，上级要求高、社会关注高、群众期盼高。林西县在实践中深刻体会到，脱贫攻坚来不得半点儿花拳绣腿，更不能有丝毫侥幸懈怠心理。必须紧紧围绕习近平总书记“扶贫对象精准、措施到户精准、项目安排精准、资金使用精准、因村派人精准、脱贫成效精准”的要求，在识别、脱贫管理及退出等全过程下足“绣花”功夫。在抓好精准识别上，切实解决“扶持谁”的问题；在抓责任落实上，着力解决“谁来扶”的问题；在推进精准施策上，突出解决“怎么扶”的问题。以较真促认真，以碰硬求过硬，以细实保精准。“精准”主要体现出目标导向和问题导向，在脱贫攻坚过程中，只有做到“六个精准”，才能明确工作目标，针对目标逐一排查发现和解决脱贫过程中存在的问题，进而做到有针对性地解决问题，最终达到小康路上不漏一人的目的。“细实”主要体现在工作状态上。“细”的要求主要是在工作中不能粗枝大叶、马马虎虎，特别是在贫困户情况了解上要细致入微，在因户施策上要精准施策，在扶贫资金使用上要细心谨慎等；“实”的

十二吐乡西山根村实施人居环境整治整村推进

要求是在工作中不能急躁、浮于表面，要保证贫困户识别真实准确，确保贫困户不是临时脱贫、不是数字脱贫，要实实在在为贫困户寻到致富之路，解决其实际困难，实实在在做好帮扶工作。“精准细实”在脱贫攻坚过程中的深入实践取得了良好的工作效果，是脱贫攻坚中锤炼出来的工作方法、工作作风和工作态度，更是干好工作的宝贵经验。

发展工业产业吸纳农村人口就业

三、用足用好各项政策是助力脱贫攻坚的坚实保障

“两不愁三保障”是总体脱贫要求，既不能降低标准，也不能吊高胃口，必须因村因户因地制宜施策，破解影响扶贫政策落地生根的各种难题，实现政策叠加，多方保障，稳定脱贫。脱贫政策服务于脱贫目标，林西县总结推广的“1+4+5”产业带贫减贫模式、“易地搬迁 +”、“1351”健康扶贫等政策经验都是根据贫困户的真实现状制定的政策措施，力求覆盖面最广、贫困人口受益最多、政策引导和带动能力最强。在脱贫攻坚实践中，能让人充分感受到政策杠杆的撬动作用，使贫困户真正摘掉了贫困的帽子。产业分红激发了贫困户发展产业的积极性，产业扶持政策降低了贫困人口的创业投入，“易地搬迁 +”为贫困人口提供了产业发展条件，健康扶贫大大减少了医药支出，基本解决了因病致贫返贫问题。同时，还有教育扶贫、电商扶贫、光伏扶贫以及各乡镇因地制宜实施的“五小工程”等措施，为扶贫政策提供了很好的补充，让无劳动能力的人口也能得到充足保障。绝大多数贫困家庭都享受到了多项政策，从而也凸显了政策叠加优势，让贫困人口感受到了多重保障的好处。政策的保障打消了贫困户的顾虑，真正撬动起贫困群众对生活的信心和致富的积极性，让人们认识到了政策的作用绝不是简单的发钱发物，而是根据实际真正解决问题，推动工作向政策引导的方向发展，为下一步的产业兴旺、乡村振兴打下了坚实基础。

四、激发干部群众内生动力是巩固工作成果的长久之计

在激发干部的内生动力方面，林西县充分利用制度管理干部，根据脱贫攻坚工作的实际需要，建立责任机制、激励机制、干部管理考核机制、督查问责机制等制度约束，以制度管人、以制度服人，在以制度规定工作目标、工作责任、工作纪律的同时，更注重以制度促成工作效果。林西县脱贫攻坚“六项机制”和“一述职、两测评、四联考”的评价体系，量化了干部评

日益活跃的群众文化活动

价标准，为干部的监督考核提供了重要依据。良好的激励机制保证了干部的经济待遇和政治待遇，促进干部在推进脱贫攻坚工作的过程中用真劲、动真情。经过脱贫攻坚的奋战与磨砺，锤炼了一支能攻坚克难、敢啃硬骨头的干部队伍，传承了不畏艰难、苦干实干的工作精神，更筑牢了群众基础，密切了干群关系，进一步加深了干部群众的鱼水之情。

在激发贫困群众的内生动力方面，林西县充分调动群众脱贫致富的积极性和对美好生活的渴望之情，让贫困群众通过自身努力看得见希望、看得见效果。通过成立扶贫理事会，在村内设置公益岗位，有效调动了贫困人口的积极性，不仅实现了自我管理，还使扶贫工作与乡村环境治理实现有机结合。通过搭建就业平台，拓宽贫困人口增收渠道，鼓励引导贫困人口通过主动参与生产经营、家门口就业打工、公益岗位安置、土地农机具等生产资料入股等形式获得稳定收入，有效增强了贫困人口自力更生意识。大力弘扬社会主义核心价值观，对依靠自身努力实现脱贫的贫困户进行宣传，用身边人、身边事让贫困群众打心眼儿里感到“幸福是奋斗出来的"，真正树立起脱贫致富的信心，调动起群众的热情。与此同时，通过设立乡风文明建设奖补基金，用于奖励勤劳致富、崇尚文明、尊贤和睦、公德孝道、守岗敬业的典型，有效激励良好社会风尚的形成，进一步带动并塑造文明乡风。

五、推动产业发展将脱贫攻坚同乡村振兴战略有机结合是必由之路

促进产业发展。一方面，持续发挥政策性金融和商业性金融的"输血"和"造血"功能，加大对龙头企业的招商引资力度和对市场效益好、带动能力强的龙头企业、合作组织的扶持力度。另一方面，强化政府、企业、农户联动，不断完善和创新利益联结机制，把贫困群众持久吸附在产业链条和经济合作组织上，特别是引导鼓励脱贫人口以土地、资金、资产等要素入股参与农牧业产业化经营，实现按持股比例持久分红。

促进脱贫攻坚成果与乡村振兴有机结合。一是以加强农村基层党组织建设为根基，以选优配强村级"两委"班子为抓手，重点培养选拔好村党支部书记，着力打造战斗力强、能带领群众致富、能组织开展乡村治理的基层党组织，不断拓宽增加村级集体经济收入的渠道，切实提升村党组织引领农村发展和服务农民的能力和水平，推动基层组织振兴。二是通过公益岗位的设置，使农村的人居环境、卫生条件得到持续保持和改善，唤起群众自觉，推动乡村治理持续改善。三是将在推进脱贫攻坚工作中形成的强大社会合力有效地转移到乡村振兴和乡村治理的实践中。四是将各级干部在脱贫攻坚中形成的良好精神和作风传承发展下去，变成乡村振兴和推动经济社会发展的强大动力。

扫描二维码观看《林西县内外兼修让脱贫户不再返贫》

后 记

EPILOGUE

《中国脱贫攻坚　林西故事》一书，经过全体编辑人员的共同努力，终于与广大读者见面了。

本书系统讲述和展示了林西县在习近平新时代中国特色社会主义思想的指引下，落实党中央的决策部署，创新扶贫模式，开展精准扶贫，凝聚脱贫合力，用智慧和勇气决战贫困、决胜小康的艰辛奋斗历程。

本书共分五个部分，以图文并茂的形式，具体介绍了林西县贫困状况、特征、成因，脱贫攻坚的体制机制、扶贫模式、创新举措。总结阐述了林西县脱贫攻坚的经验和启示，展示讲述了林西县脱贫攻坚的成效和扶贫故事。书写记录了林西人民在党的坚强领导下，消除贫困、合力攻坚、决胜小康的奋斗足迹。

本书在设计启动和编纂过程中，得到了县委书记田向存、县长付守利的关心和支持，吸纳了他们提出的具体指导意见。县委常委、宣传部部长汪丽娜先后三次组织召开专题会议，研究制定编辑方案，提出了编辑工作的指导思想、基本原则和方法，确定了书稿结构和基本内容，并对书稿进行了最终审定。县委宣传部副部长、外宣办主任郭景超牵头负责本书的设计、编辑、统筹协调和统稿。县委深改办原常务副主任李立刚、大井国家矿山公园管理中心主任段国栋、县扶贫办主任赵光明对书稿进行了整体审核。内蒙古日报社驻赤峰记者站站长徐永升、赤峰日报社记者部主任陈明、赤峰日报社主任编辑张启民、林西县档案局原局长朱金林参与议定书稿结构设计方案，并分别承担了相关内容的编辑任务。县委宣传部李晓军、张立文、刘兴宇，县扶贫办杨晓娟分别承担了书稿的编写工作。县委宣传部胡振东、赵妍，县摄影协会潘福林等为本书提供了相关照片。县纪委监委、县委办、县委组织部、县政府办、县扶贫办、县卫生健康委员会、县人社局、县农牧业局、林西镇等单位为本书的编写工作给予了大力支持。

本书在编辑过程中，采用了人民日报、新华每日电讯、光明日报、内蒙古日报、实践杂志、赤峰日报等媒体刊发稿件的相关内容。另外，部分图片因拍摄者情况不明，未能署名，在此一并向作者致谢。

最后需要说明的是，《中国脱贫攻坚　林西故事》现已出版，但由于时间仓促，文字、图片等资料收集尚有欠缺，编辑中亦有疏漏和不足之处，敬请广大读者批评指正。

本书编写组

2019 年 9 月